© Roberto Tranjan, 2025
© Buzz Editora, 2025

Publisher ANDERSON CAVALCANTE
Coordenadora editorial DIANA SZYLIT
Editor-assistente NESTOR TURANO JR.
Analista editorial ÉRIKA TAMASHIRO
Estagiária editorial BEATRIZ FURTADO
Preparação JULIAN F. GUIMARÃES
Revisão OLÍVIA TAVARES
Capa e projeto gráfico ESTÚDIO GRIFO
Ilustrações de miolo ELIANA GODOY
Diagramação EQUATORIUM DESIGN

*Nesta edição, respeitou-se o novo Acordo Ortográfico da Língua Portuguesa.*

---

Dados Internacionais de Catalogação na Publicação (CIP)
(Câmara Brasileira do Livro, SP, Brasil)

Tranjan, Roberto
O código da nobreza: A provocante jornada da essência humana /
Roberto Tranjan
1ª edição. São Paulo: Buzz Editora, 2025
144 pp.

ISBN 978-65-5393-431-3

1. Carreira profissional – Desenvolvimento 2. Conduta
de vida 3. Empreendedorismo 4. Desenvolvimento pessoal
5. Desenvolvimento profissional 6. Sucesso

17-09092                                         CDD-658.421

---

Índice para catálogo sistemático:
1. Empreendedorismo: Desenvolvimento pessoal e profissional:
Administração 658.421
Aline Graziele Benitez – Bibliotecária – CRB-1/3129

Todos os direitos reservados à:
Buzz Editora Ltda.
Av. Paulista, 726, Mezanino
CEP 01310-100, São Paulo, SP
[55 11] 4171 2317
www.buzzeditora.com.br

# O código da nobreza

## A provocante jornada da essência humana

### Roberto Tranjan

*Dedico à nobreza humana
e a quem a vive com honradez e elegância.*

9   **APRESENTAÇÃO**
O que se revela ao longo da história

13   **Capítulo 1**
Quem você pensa que é?

19   **Capítulo 2**
Anos-luz

25   **Capítulo 3**
Complexo de vira-lata

29   **Capítulo 4**
Além da aparência

34   **Capítulo 5**
Do bem-estar ao bem viver

38   **Capítulo 6**
Pegar o touro à unha

47   **Capítulo 7**
Cara ou coroa?

50   **Capítulo 8**
Vitória derradeira

60   **Capítulo 9**
Onde a nobreza mora

65   **Capítulo 10**
Fundo do poço

69   **Capítulo 11**
O passo desbravador

78   **Capítulo 12**
Onde mora o desejo

81 **Capítulo 13**
A pedra no sapato

84 **Capítulo 14**
Voar mais alto

92 **Capítulo 15**
Óculos emprestados

94 **Capítulo 16**
A musa inspiradora

101 **Capítulo 17**
Olhar de alumbramento

103 **Capítulo 18**
O fermento

109 **Capítulo 19**
*Tempus fugit*

111 **Capítulo 20**
Honradez

115 **Capítulo 21**
A última ceia

119 **Capítulo 22**
A peregrinação

122 **Capítulo 23**
Gestos de elegância

133 **POSFÁCIO**
137 **AGRADECIMENTOS**
139 **NOTAS**
141 **REFERÊNCIAS BIBLIOGRÁFICAS**

## APRESENTAÇÃO
## O que se revela ao longo da história

Primavera em Atibaia. Se lá fora a chuva era torrencial, dentro as intempéries eram de outra natureza. Múltiplos pontos de vista — cerca de duzentos participantes —, se entrecruzavam diante de algumas afirmações provocativas:

- As pessoas, de modo geral, querem uma vida confortável acima de tudo.
- A maior parte dos jovens se cansa facilmente e evita o trabalho.
- Na maioria das vezes, a tradição que os mais velhos querem manter é considerada um atraso pelos jovens.
- Para aqueles que buscam uma vida mais próspera, a inteligência artificial é imprescindível.

A construção dúbia das frases era proposital para que as discussões seguissem calorosas. Alguns as consideravam verdadeiras, outros achavam que eram falsas, nem sempre pelas mesmas razões.

Você leitor e você leitora certamente têm os seus pontos de vista diante de temas tão pertinentes à vida. Além desses, outros relacionados à economia, ecologia, política, segurança pública, saúde, negócios, cultura, arte, religião, guerras; tudo passa pelo crivo do ponto de vista individual.

No entanto, mais importante do que o gabarito das respostas, é reconhecer como os pontos de vista se estruturam e influenciam o rumo da nossa história, tanto no trabalho como na vida. Somos condicionados mais por nossos pontos de vista — e o ângulo através do qual conseguimos enxergar a realidade — do que por tantos outros fatores da existência.

Todos estão meio certos e meio errados, mas de tudo fica o desafio salutar a respeito do qual deveríamos nos empenhar: o de fazer uso dos nossos recursos e energias para, ao menos, com boa aceitação e vontade, nos dedicarmos a compreender outros ângulos de visão.

A boa notícia é que podemos remanejar a vista do ponto em que ela se encontra — muitas vezes arraigada —, ao menos como exercício de empatia ou de experimentação de outras realidades. A partir daí, é possível retocar o olhar, fazer novas escolhas e decidir por uma vida com maior nobreza.

Diante da alternância de percepções e ampliação do campo de visão, o código da sua nobreza vai se revelando ao longo da história.

Boa leitura!
**Roberto Tranjan**

# O código da nobreza

## I
## Quem você pensa que é?

Em plena Serra do Itapetinga, em meio à exuberante natureza, eu me recolho a uma pousada para escrever o novo livro. Tenho um indício na cabeça sobre o tema a tratar, muitas indagações e algumas confirmações.

O início de uma obra é sempre penoso, ao menos para mim, embora tenha escrito uma dezena. Preciso do isolamento para que as ideias floresçam, enquanto penso de dia, de tarde e à noite em como transportá-las para o texto de uma forma interessante. Escrevo, inclusive, enquanto não escrevo, nas caminhadas matinais e durante as pausas; e escrevo enquanto escrevo, diante do computador ou do papel, a lápis ou à caneta.

Costumo levar comigo um bloco de notas para que as ideias não me escapem. Pois, em certa manhã, no horário do café, após a caminhada de praxe, um jovem se aproxima, enquanto eu tomo notas.

— Bom dia! Vejo que o senhor está sempre escrevendo. É escritor? — pergunta, curioso.

— Sim — respondo, adivinhando a idade denunciada pelas espinhas no rosto.

— Não tenho o hábito de ler, muito menos de escrever — ele admite, sem nenhum constrangimento. — Gosto mesmo é de games.

— Ler e escrever são, também, jogos, mas de outra natureza. Ou seja, penso que me divirto tanto quanto você — eu comento, sorrindo.

Ele se chama Gael e veio hospedar-se durante as férias com seu pai, que teve de ir embora dias atrás, às pressas. Um desfalque na empresa dele o obrigara a verificar o que estava acontecendo, a fim de sanar os prejuízos. Deixou Gael à espera de seu retorno. A reserva havia sido feita há meses e o pai não queria perder o dinheiro. Enquanto aguarda, Gael está aproveitando para se divertir nos dias frios de julho naquele local agradável, onde poderia realizar várias atividades respirando o ar saudável das montanhas.

Todas as vezes em que eu o avisto, porém, o garoto está mergulhado no smartphone ou jogando no seu console. Parece que toda aquela exuberância natural não o atrai.

— E sobre o que o senhor está escrevendo?
— A respeito da nobreza.
— Um livro sobre a aristocracia? Estudei na escola.
— Não exatamente! Estou escrevendo sobre a nobreza humana, que está em você e em mim.
— Penso que nobreza tem a ver com pessoas endinheiradas. No condomínio onde moro, existem muitas.

Ele mora com sua mãe e a irmã mais velha, que durante o presente ano faz intercâmbio no Canadá. Fico sabendo, também, da separação de seus pais. Por essa razão e para compensar a pouca presença, ele viera com seu pai para a pousada com a intenção de desfrutarem do convívio um do outro.

Eu o convido para sentar-se à mesa comigo.
— E você, Gael, qual vai ser a sua profissão?
— Não sei ainda, mas imagino tipo trabalhar no mercado financeiro. Quero viajar pelo mundo e conhecer uma porção de lugares — responde, enquanto examina o smartphone.
— Viajar é muito bom — digo —, por isso gosto de escrever.

— Acho legal ser escritor, mas você deve se sentir muito sozinho.

— Os livros são bons amigos, e as melhores viagens que já fiz foram por meio da leitura ou da escrita. Existem vários jeitos de viajar.

Gael dá de ombros e volta a espiar o smartphone, na expectativa de encontrar alguma novidade.

— Gosta de novidades? — pergunto, tentando capturar a sua atenção.

— Tem sempre coisas novas no smartphone. Eu gosto de saber sobre os jogos que estão sendo lançados e tals.

— E qual o tipo de que mais gosta?

— Daqueles de luta e dos que consigo interagir como um avatar. Assim posso me transformar em vários outros seres. É muito louco.

— Imagino que seja mesmo divertido. E aposto que vai se divertir ainda mais com o código de nobreza.

— Código de nobreza? O que é isso?

— Depois lhe conto, mas agora tenho de ir, está na hora de me dedicar à escrita. Assim que nos encontrarmos de novo, podemos conversar mais. Tchau.

— Falô! — responde, curioso, dessa vez desviando o olhar para mim.

Quando chego ao chalé, a camareira está concluindo a arrumação.

— Bom dia, Dona Alice!

— Bom dia! Desculpe... os livros desabaram enquanto eu limpava a estante. Não sei se coloquei na ordem em que estavam.

— Acontece, não se preocupe.

— Quando recolhi, vi que um deles é de sua autoria.

— Sim, este é o meu lançamento mais recente — informo, enquanto mostro a capa.

— Então o senhor é escritor?

— Sim — comento —, e estou a trabalho. Por isso toda essa papelada ao redor do computador.

— Minha filha sonha em ser escritora — revela Dona Alice, seguindo na arrumação.

— Como ela se chama? — pergunto, ao rearranjar meu local de trabalho.

— Hanna.

— E quantos anos ela tem?

— Vai completar catorze no mês que vem.

— E já está certa quanto à profissão? Uma raridade entre os jovens hoje em dia.

— Ela adora escrever — responde, orgulhosa. — Mas tenho receio de que não seja a melhor escolha. Ouço dizer que só os escritores famosos conseguem viver da profissão.

— Tem um tanto de verdade nisso — admito, rindo com o comentário.

— O custo de vida está alto. Precisamos de ajuda para compor a renda lá em casa.

Confirmo com a cabeça, enquanto ligo o computador.

— Sem querer chatear, o senhor se importaria de conversar com ela sobre essa profissão?

— Será um prazer.

— Ela está de férias escolares, vou trazê-la comigo amanhã.

— Diga à Hanna para me procurar no café da manhã.

— Obrigada — murmura Dona Alice, exibindo um sorriso belo e largo, os dentes alvos contrastando com a pele negra.

Contemplo, pela janela do chalé, a mata molhada, os pingos da chuva escorrendo pelo telhado da varanda, atento ao silêncio e à calma ao redor.

Enquanto espero aquecer as ideias, examino as árvores, suas várias espécies, os formatos dos troncos, galhos, folhagens e os múltiplos matizes de verde. Não tarda para que o sol resolva mostrar a sua cara e clarear, ainda com timidez, a relva e as copas.

Uma, em especial, chama a minha atenção. Há algo nela que não consigo descrever. Algo diferente de tudo ao redor, uma certa nobreza.

Uma indagação me vem à mente: quem você pensa que é?

Alguém já a escutou explicitamente, vinda de outrem, mas também pode ser feita em nosso íntimo, e a resposta nem sempre é positiva.

Quem já se sentiu inferior, com receio de encarar outras pessoas? Quem já se sentiu menor, diante de um poder que parece intransponível? Quem já se sentiu inferior frente a pessoas que parecem ser maiorais? Quem já se submeteu por medo? Quem já concordou discordando ou discordou concordando? Quem já foi barrado no "baile"? Afinal: quem já se deparou com a pergunta "quem você pensa que é?"?

Se você não passou por nenhuma das afrontas sugeridas, peço que faça ao menos um exercício de empatia imaginando-se um ser excluído, rejeitado ou desacatado como muitos que já passaram por essas e outras.

Quem você pensa que é?

A pergunta é emblemática e tende a colocar o indivíduo no seu devido lugar, isso ao olhar de quem ocupa uma posição privilegiada na hierarquia social e que, inadvertidamente, faz uso indevido do seu poder.

Bater de frente com o *status quo* pode ser uma luta inglória, pois nem sempre vale a pena. Existe, no entanto, algo que pode e deve ser feito: resgatar a nobreza que habita em todo ser humano.

"Quem você pensa que é?" não é a pergunta certa e o melhor é evitar cair na armadilha de respondê-la. Sugiro substituí-la por outra. Vou apresentá-la oportunamente. Volto, então, a apreciar todo o mundo bucólico da natureza, sobretudo as árvores. Aquela que chamou a minha atenção oferta o que preciso para apaziguar o mundo de dentro.

Nem sempre essa conexão é saudável. Nem sempre o mundo de fora oferece a paz para que consigamos manter a centralidade. Ao contrário, ele nos tira do eixo com facilidade. Não é nada favorável à contemplação e à escrita. Por isso, o recolhimento. É uma maneira de reencontrar com o meu melhor e poder oferecer esse melhor por meio de palavras, sentenças e enredos, capazes de levar os leitores ao mesmo estado de espírito.

Quiçá!

## 2
## Anos-luz

Hanna já me esperava quando chego para o café da manhã. Está compenetrada na leitura de um livro. Dou-lhe bom dia, ela sorri do mesmo jeito caloroso de sua mãe.

Embora de férias, está vestida formalmente como quem vai a uma celebração. Pergunto do que gosta para que eu possa servi-la. Desacostumada com aquela diversidade de alimentos, entre frutas, pães, geleias, sucos e queijos, ela deixa que eu decida. Componho um prato com três tipos de frutas, iogurte com cereais e mel, e uma fatia de pão que aqueço na torradeira.

Hanna está encantada com tamanha fartura.

— Quer dizer que você quer ser escritora? — pergunto, enquanto completo sua xícara com café e leite.

— Sim, é o meu sonho — responde, ainda retraída.

— E o que você gostaria de saber?

— O que é ser um escritor?

— Escrever é um ofício. Assim como o pedreiro junta tijolos para construir uma parede e depois uma casa, um escritor junta palavras para construir frases e, em seguida, uma história. Tudo isso compõe um texto, um artigo ou um livro. Noto que você gosta de ler.

— Gosto muito, leio quase todos os dias.

— Bom começo! A leitura é o principal exercício para quem escreve. Construir um bom vocabulário pessoal é fundamental. Cada nova palavra que aparece no seu repertório é um novo significado que ingressa em sua vida. São os tijolos que, combinados entre si, vão ajudá-la a construir várias casas.

Ela sorri, assentindo, por saber que está no caminho certo.

— É sempre bom manter consigo um bloco de notas para escrever quando as ideias surgem.

Hanna retira o dela da bolsa, mostrando que adota o hábito.

— Soube que o senhor veio à pousada para escrever. Sobre o quê?

— Sobre a nobreza humana.

— Nobreza? Alguém vai se interessar por isso? Lá onde moro, as pessoas estão mais preocupadas em como sair da pobreza ou em como se livrar da tristeza.

— Entendo — respondo, um tanto inconformado com as outras prioridades. — Mas, sem nobreza, a pobreza toma conta, e com nobreza, a tristeza não tem lugar.

— Parece mais um jogo de palavras — começa a se soltar, dando uma mordida no sanduíche que eu preparei para ela.

— A nobreza está mais próxima de você do que imagina — eu provoco, antes de tomar um gole de café.

Vejo uma ponta de interesse no olhar de Hanna. Levanto para me servir de um pedaço de bolo de banana, trazendo também uma fatia para a jovem.

Quem se aproxima naquele instante é Gael. Com cara de sono, talvez tenha passado a noite com os seus jogos.

— Bom dia, escritor! — saúda, bocejando.

— Bom dia, Gael! Venha para a nossa mesa. Quero apresentá-lo à Hanna, a minha mais nova amiga.

Ambos se cumprimentam sem se tocar, acenando com a mão — oi, oi — e, sem delongas, ele se senta na outra ponta da mesa, dando uma espiadela no smartphone em sua mão. Está de agasalho, boné e tênis, contrastando com as vestimentas convencionais de Hanna.

— Estávamos falando sobre a nobreza, o mesmo tema da nossa conversa de ontem. Lembra-se?

— Claro! Fiquei curioso com o tal código. Você não contou para ela antes de mim, né? — pergunta, como se estivesse enciumado.

— O que estava dizendo à Hanna é que a nobreza é acessível a todos. Mas, antes, gostaria que vocês se conhecessem melhor.

Começo a reger um diálogo entre os dois.

— Onde vocês moram?

— Estamos a cerca de duas horas da minha casa — Gael não demonstra nenhuma pressa de se servir. — Meus pais são separados e minha irmã estuda fora, então moro com minha mãe em um condomínio fechado. A casa, de repente, ficou grande só para nós dois.

— Eu moro perto daqui, dá mais ou menos uns dois quilômetros. A gente consegue vir da comunidade a pé. Em casa somos eu, minha mãe e dois irmãos mais velhos. Um trabalha em um hotel na cidade, outro tem uma moto e faz entregas rápidas. Nosso pai nos deixou há alguns anos para viver com a sua outra família.

— E onde vocês estudam?

Dessa vez, Hanna se adianta:

— Estudo em uma escola pública, próxima da comunidade. É muita gente na sala e alguns professores nem sempre conseguem nos dar a devida atenção, isto é, quando temos aulas. Minha professora de português nem sabe que quero ser escritora. Se soubesse, poderia me orientar. Mas ela não tem tempo. Entra e sai com pressa, trabalha também em outras escolas.

— Bizarro, hein? — comenta Gael sobre uma realidade desconhecida para ele. — Eu estudo em uma escola particular. Somos trinta e cinco alunos, quando todos compareçam, o que é raro. Eu mesmo, se pudesse escolher, gostaria de ficar em casa jogando *games* ou dando um rolezinho no shopping com os meus amigos.

— Desse jeito, você vai repetir de ano — diz Hanna, se soltando um pouco.

— Ah! — ele murmura, sem se importar com o comentário da nova conhecida. — Tem também as atividades que eles chamam de extracurriculares, como esportes, artes e tecnologia. As ligadas à tecnologia são as de que mais gosto. Além das viagens culturais, quando a gente arma uma farra.

— Poxa! Como seria bom se meu colégio tivesse essas atividades extracurriculares, mas acho que eu mesma não teria tempo para elas. Preciso ajudar nas tarefas de casa. E a única vez que viajei foi em uma excursão até o litoral — Hanna conta, lembrando da experiência com alegria nos olhos.

Gael levanta para se servir. Arrisco outra pergunta.

— E sobre as amizades?

— Tenho os amigos do condomínio e os da escola. Uma vez por semana vamos até o shopping para comer, comprar alguma roupa ou tênis e curtir as novidades dos eletrônicos.

— No meu caso, as coisas acontecem mais na nossa comunidade. O transporte público lotado nem sempre é seguro e não nos anima ir até a cidade. Temos boas relações com a vizinhança e são muito fortes os laços entre as famílias. Os moradores se ajudam naturalmente.

— Show! — exclama Gael, surpreso. — É bem diferente do nosso condomínio, onde as casas parecem fantasmagóricas, como se ninguém morasse nelas.

— E quais são os desafios de vocês, atualmente?

— Nessa hora, fico bugado. É sempre a mesma conversa: estudar para conseguir entrar em uma universidade renomada, fazer intercâmbio e empreender negócios para ganhar dinheiro. Mas ainda não sei ao certo o que quero fazer na vida.

— Em casa já estão insinuando que, logo mais, tenho de arranjar emprego para compor a renda familiar. Mas, como quero ser escritora, acho que a educação é a saída para realizar o meu sonho e melhorar as condições de vida dos meus parentes.

Escuto atentamente ambos compartilhando suas realidades e incluo uma ou outra questão para que o diálogo siga animado, mantendo vivo o interesse de ambos sobre as vidas mútuas e tão distintas. Nenhum deles conhecia ao vivo e em cores a vida um do outro.

Embora bem diferentes entre si, concordam com algo divergente da minha abordagem, ou seja, a de que todos os seres humanos são nobres. Discordam de mim, por razões diferentes.

Gael acha que a nobreza é para uns poucos privilegiados e todo o empenho deles na vida seria para manter os seus privilégios.

Hanna, por sua vez, tem experiência própria sobre a ausência de nobreza em seu meio. A palavra nem ao menos faz parte do seu vocabulário e, na acepção mais costumeira, está a anos-luz da sua realidade.

Por essa razão, desafio ambos.

— Que tal a gente se encontrar em certos momentos, durante o dia, para conversarmos sobre esse tema? Assim poderemos falar das nossas divergências e compreender mais a fundo uns aos outros.

E por que não? Afinal, ambos estão de férias. Com a ausência do pai, Gael pode buscar outro tipo de entretenimento além do *game*, e Hanna será capaz de tornar as férias mais interessantes enquanto aguarda sua mãe. Assim, no final do expediente, retornariam juntas para casa.

Eles se entreolham para ver se estão de acordo e respondem com um uníssono "top". É, de fato, sua segunda convergência.

# 3
# Complexo de vira-lata

Fiquei pensando no imprevisto de me deparar com os dois jovens e no meu ímpeto de convidá-los para conversas diárias. Afinal, a minha ida à pousada tem como objetivo o recolhimento, o isolamento e, também, o tempo exclusivo para a escrita. A agenda me permitiu duas semanas, e esses dias são como ouro para mim. Não posso desperdiçá-los. O café acabou se estendendo por três horas e pouco tempo me resta, nesta manhã, para dedicar-me ao meu ofício.

Por outro lado, estamos — os três — tratando do tema do livro. As diferenças não apenas da vida que cada um leva, mas também de temperamento e estilo, podem tornar os diálogos interessantes para todos nós. Noto que ambos conversam com desenvoltura e não há, principalmente por parte de Hanna, o famigerado complexo de vira-lata. Explico.

Quem criou essa expressão foi o escritor e jornalista Nelson Rodrigues. Referia-se à imagem depreciativa que fazíamos, nós, os brasileiros, principalmente diante dos estrangeiros. "Por 'complexo de vira-latas' entendo eu a inferioridade em que o brasileiro se coloca, voluntariamente, em face do resto do mundo",[1] ele explicava.

Complexo de vira-lata é, portanto, aquela velha crença de que o melhor não está aqui, mas fora. Lá, tudo é superior e funciona: a civilização, a democracia, a ética, a cultura, as artes. Aqui, tudo é precário e disfuncional. Faz parte do complexo idealizar quem é considerado excelente.

Razões históricas não faltam para justificar o engano. Demoramos para nos assumir como brasileiros, pois tal alcunha se destinava apenas aos comerciantes do pau-brasil. Os demais nativos eram denominados pelos "colonizadores" como mazombos, ou seja, "grosseiros, atrasados, brutos, iletrados", cuja principal ambição de vida seria deixar de sê-lo. Conseguiu-se: em vez de mazombos, passaram a ser brasileiros. Mudou a alcunha, mas a fama se manteve.

O detalhe da frase de Nelson Rodrigues está no "voluntariamente", ou seja, por conta própria. Se o brasileiro empresta o seu olhar ao estrangeiro para que o veja como inferior e, por conta desse olhar, sente-se julgado, é um problema de projeção das suas próprias crenças. Por que, então, não mudá-las?

Falta, portanto, ao povo brasileiro um código que o faça enxergar a nobreza que existe em si mesmo. Pode parecer simples demais, mas nada tem de simplório. A conferir.

Volto, mentalmente, à indagação "quem você pensa que é?".

Existem dois mundos: o do ser e o do parecer. Talvez os jovens interlocutores não tivessem percebido, mas tudo o que compartilharam está na esfera do parecer. O parecer é o mundo de fora. O ser é o mundo de dentro. Quem parece, sem ser, padece. E existem várias formas de padecimento, incluindo as humilhações.

Gael e Hanna, quem eles pensam que são?

Quase sempre as respostas estão no que fazem, não em quem são. Não é diferente com os adultos. Pergunte a um deles "quem é você?" e ele responderá "sou engenheiro, encanador, dentista, professora", ou fará referência ao seu cargo: sou gerente, atendente, vendedor. Quase sempre a resposta está no que se faz, não em quem se é. Quase sempre a resposta remete à identidade ou a papéis sociais, à profissão, ao cargo ou à ocupação.

Quem é você?

Quem é o que faz assemelha-se a um objeto, a um utilitário ou a uma ferramenta. Não é diferente de uma escova de dentes, dos talheres usados nas refeições ou de um smartphone. A relação consigo é uma relação-objeto, não a desejável relação-sujeito. A relação-objeto fica retida ao seu mero preço, destituída do valor que representa. Preços oscilam nos movimentos de mercado e, quando em baixa, levam junto também a autoestima e a autoconfiança.

É muito triste ser descartável. Aquele emprego que, depois de exercê-lo por tantos anos, ao sair, é como se você nem tivesse passado por lá.

Só de pensar o tempo de vida consumido, aquele montão de afazeres diários, o corre-corre sem fim, a vida cheia de atropelos consumida na pressa e na compressão. Tudo isso para dar em nada, sem deixar ao menos um fiapo de saudade? Quantas outras coisas poderiam ter sido feitas naquele mesmo tempo ou quanto de vida poderia ter sido vivido mais intensamente? Tantas preocupações, atritos, conflitos, por nada. Quem se lembra deles agora?

Acontece que ninguém é único pelo que faz, mas pelo que é. E aí está a grande diferença.

Todos conhecemos pessoas que, exercendo o mesmo cargo que outras, imprimem a sua própria marca por onde passam. É como se fossem constituídas de uma nobreza que as tornam especiais e únicas. Tanto o emprego como o cargo podem ser descartáveis, mas a pessoa nobre, mais que necessária, é imprescindível.

Quem se trata como objeto, tratará os outros, também, como objetos. A sina se propaga, é bom frisar.

Meus novos amigos precisam evoluir de "quem eles pensam que são" para "quem eles verdadeiramente são". Vou ajudá-los nisso. Agora preciso cuidar da escrita do novo livro.

# 4
## Além da aparência

Todas as manhãs, ao abrir as janelas do chalé, respiro o ar puro e os suaves aromas da vegetação, ao saudar a Mãe Natureza e a minha árvore especial.

A natureza é mestra, podemos aprender muito com ela. Ao olhar para a floresta, não nos damos conta do que está sob a terra. Existe amizade entre as árvores, mesmo que não seja aparente. Alguns pares mantêm uma ligação íntima pelas raízes e é natural que troquem nutrientes e se ajudem, principalmente no caso de emergências. As árvores sabem que juntas elas são mais fortes.

Desprotegida e exposta ao sol inclemente, aos ventos e tempestades, uma única árvore sofre muito para sobreviver. Algumas são solitárias e não estendem as suas raízes em direção às outras. Mas quando são solidárias, um conjunto de árvores produz um microclima equilibrado capaz de atenuar o excesso de calor e de frio, armazenando água e aumentando a umidade atmosférica. Nesse ambiente, todas ganham se protegendo e vivendo mais tempo.

Gael e Hanna me esperam debaixo de uma frondosa árvore em frente à pousada, conforme havíamos combinado. Havia chovido e a terra estava molhada. Dessa vez, Hanna está mais à vontade, com casaco esportivo e de tênis. Usa uma faixa no cabelo, emoldurando seu belo rosto. Gael, empunhando o seu smartphone, se reclina no tronco.

— Vamos dar uma caminhada — sugiro.

Também de tênis, agasalho e boné, sigo com eles em direção à lagoa. As nuvens, aos poucos, dão espaço para o azul do céu, e o sol, ainda timidamente, exibe o seu brilho. Borboletas esvoaçam entre a vegetação e sobre a relva. Acrescentam um movimentado colorido à paisagem.

Próximo à lagoa, o caminho se estreita e temos de descer o barranco em fila indiana. Eu, na frente, Hanna me segue e Gael vem depois, incomodado por estar perdendo o sinal do smartphone.

Nós nos sentamos na beira da lagoa. A água calma faz uma conexão entre a terra e o reflexo do céu.

— Lembrei-me da história de Narciso — comento.

— Já ouvi falar — diz Gael.

— Faz parte da mitologia grega, se bem me lembro — completa Hanna.

— Sim, também conhecida como o mito de Narciso, é uma história clássica da Grécia antiga. Narciso era um jovem de rara beleza. Quando nasceu, um vidente fez uma profecia: "terá uma vida longa, desde que nunca se conheça". Ele cresceu incrivelmente belo e atraía a atenção de admiradores. No entanto, era orgulhoso e desdenhava de quem se apaixonava por ele.

— Bizarro — exclama Gael, preocupado por seu smartphone estar sem sinal.

— Quem se apaixonou perdidamente por Narciso foi a ninfa Eco, que tentou se aproximar dele, mas foi brutalmente rejeitada. Isolou-se numa caverna até definhar, restando apenas a sua voz.

— Bizarro — agora é a vez de Hanna.

— Nêmesis, a deusa da vingança, soube do comportamento cruel de Narciso e decidiu puni-lo. Ela o levou até uma lagoa de água cristalina, onde ele pôde ver o seu próprio reflexo pela primeira vez. E sabem o que aconteceu?

Curiosos, eles olhavam para a lagoa, como se visualizassem a cena.

— Narciso se apaixonou perdidamente por si mesmo, sem perceber que era um reflexo. Incapaz de se afastar de sua imagem refletida na água, ficou ali, admirando-se incessantemente. Ele se recusou a comer, beber ou dormir, obcecado pela própria beleza. Definhou até morrer.
— Daí o termo narcisismo? — pergunta Hanna.
— Sim, um termo que passou a ser usado pela psicologia para descrever uma fixação patológica no eu e na própria aparência.
— Melhor que ele nunca tivesse se conhecido — comenta Gael.
— Sabe o que diz Mia Couto?
— Sei quem é — intervém Hanna. — É um escritor moçambicano. Já li livros dele.
— Parabéns! — eu sorrio. — Ele diz assim:

"*Existem, no entanto, várias formas de pobreza.*
*E há, entre todas, uma que escapa às estatísticas e aos indicadores: é a penúria da nossa reflexão sobre nós mesmos.*"[2]

— Penúria? O que significa? — quer saber Gael.
— Um estado de extrema pobreza, mas aqui não se trata de uma pobreza material, e sim existencial. Narciso não se conhecia.
— Mas a profecia era para que ele nunca se conhecesse. Tentou e deu treta — relembra Gael.
— Ele se conheceu apenas superficialmente — acrescenta Hanna. — Ficou apenas na aparência. Talvez, se ele se conhecesse profundamente, não seria tão vaidoso.
— Voltei-me para a água diante de nós.
— Olhem para essa lagoa. Tudo o que vemos é a mansidão de águas turvas, mas suas profundezas têm muito a

revelar. Assim somos nós. Para além da aparência, temos mais a revelar.

Eu me levanto para prosseguir na caminhada e arremato:

— Conhecer-se é um grande desafio. E não fazê-lo é desdenhar a nobreza.

Seguimos em silêncio pela mata, direcionados por uma trilha rústica. A história de Narciso, imagino, ainda reverbera na mente dos dois jovens.

Mais adiante, puxo outra conversa.

— Apreciem o entorno e respirem fundo — sugiro. — Junto à natureza, estamos mais próximos da origem, onde tudo começou.

— Primeiro a natureza, depois o ser humano — complementa Hanna. — Nós fazemos parte dela. Muitas vezes o bicho-homem se esquece disso.

— *Arché* é uma palavra de origem grega que significa origem ou começo. Daí, arqueologia, a ciência que estuda os primórdios da vida humana e da arquitetura, a técnica de construir que busca se aproximar da natureza, do original.

— Tô cada vez mais bugado — Gael resmunga.

— Na filosofia, *arché* é caracterizado pela procura da substância inicial de onde tudo deriva. Daí, outra palavra que vai nos interessar muito daqui para a frente: arquétipo. Se *arché* significa origem ou começo, *typos*, também do antigo grego, significa modelo ou tipo. Portanto, um arquétipo é um modelo original que serve como padrão para outras coisas do mesmo tipo.

— Tá difícil... — Gael volta a reclamar.

Hanna ri do jeito resmungão de Gael.

— Os arquétipos nos ajudam a ir além das aparências.

São como lentes, por intermédio das quais vemos a nós mesmos e o mundo ao redor.

— Ajuda a nos conhecer, é isso? — acrescenta Hanna.

— É isso mesmo. Conhecer-se é reconhecer o seu arquétipo. Ele se manifesta por meio das roupas que usamos, dos livros que lemos, dos filmes que assistimos, das músicas que ouvimos, da alimentação que preferimos e até dos relacionamentos que escolhemos.

— E dos jogos que jogamos, já entendi — comenta, marotamente, Gael.

— Quem são vocês? — pergunto, mirando os dois jovens diretamente nos olhos. — Na conversa do café da manhã, vocês compartilharam uma parte de suas vidas, mas ninguém disse ao outro quem verdadeiramente é. Talvez vocês também não saibam. Falaram mais das coisas de fora do que das coisas de dentro.

Eles se olham, um tanto frustrados com meu comentário. Acham até que tinham falado de si mais do que estão acostumados.

— Gael, quem é você de verdade? Hanna, quem é você de verdade? — ambos me olham, atarantados.

Continuo.

— Há, em cada um de vocês, uma nobreza que precisa se revelar. Precisa vir à tona. Seus arquétipos podem ser limitadores ou impulsionadores dessa nobreza. Vocês querem, mesmo, tornar-se nobres?

— Sim — responde Hanna, convicta.

— Sim — admite Gael, enfático. — Não sei bem o que é, mas parece ser bom. Acredito que para isso teremos de decifrar o código.

— Então, preparem-se. Amanhã começaremos a nossa jornada.

# 5
## Do bem-estar ao bem viver

Meu recolhimento não contava com essa aventura. Fui para escrever e me deparei com os dois jovens adolescentes. E o pior é que começo a me ligar a eles. Quando pretendo deslanchar direto e sem interrupções na escrita, penso no encontro que teremos no dia seguinte e a minha atenção se desvia. Fico pensando na abordagem. Não quero desapontá-los. Estou determinado a levá-los a reconhecer os seus arquétipos e, com a ajuda deles, descubram a nobreza que os habita.

Noto, ainda, que estão cada vez mais à vontade um com o outro. Isso facilita o diálogo, a expressão das suas vulnerabilidades, a franqueza e a autenticidade. Mostram-se curiosos. É tudo de que eu preciso para conduzi-los rumo à verdadeira nobreza.

Enquanto escrevo, Dona Alice aparece para a arrumação.

— Bom dia, senhor escritor!

— Bom dia, dona Alice!

— Quero agradecer a atenção que o senhor tem dado à minha filha. Ela chega em casa cheia de conversas e diz não ver a hora de retornar no dia seguinte. Está sendo muito bom.

— Ela é uma boa menina, tem muita força de vontade e determinação.

— Tenho receio de que ela fique mal-acostumada com as coisas aqui da pousada. Aqui é do bom e do melhor. Não é assim lá em casa.

— Um pouquinho de bem-estar não faz mal a ninguém — eu digo, sorrindo. — Mas ela vai descobrir mais do que isso. Vai descobrir o bem viver.

— E qual é a diferença?

— Olhe, dona Alice, arrisco dizer que vivemos melhor do que os reis, até a Idade Média ou Moderna. Muitos, bem como os integrantes de suas cortes, morriam cedo, como atestam os túmulos que se pode ver nos porões dos castelos. Temos vacinas, antibióticos, eletricidade, eletrodomésticos, smartphones, internet. Conquistamos um patamar de conforto como nunca antes, embora ainda existam, vergonhosamente, milhões de seres humanos que não alcançaram nem o mínimo de bem-estar, pois lhes falta até água potável e saneamento básico.

Dona Alice escuta, desconfiada. Sabe da sua árdua realidade.

— Dependemos de alimentos, exercícios e repouso para o nosso bem-estar. Mas também precisamos de afeto e cuidado. O bem viver, por sua vez, inclui algo mais. A descoberta da própria nobreza. Não se trata de um sem o outro. Trata-se de ambos.

Dona Alice continua o seu trabalho sem entender direito do que eu estou falando. Para ela, o importante é o interesse da Hanna por nossas prosas. No fundo, ela intui que poderiam ajudá-la.

Não quis estender muito o assunto com dona Alice para não atrapalhar o trabalho dela. Mas ainda tem mais a ser compreendido sobre as diferenças entre o bem-estar e o bem viver. O fato é que a busca frenética pelo bem-estar impede que se alcance o bem viver. Para conquistar uma vida confortável, esgota-se o tempo, não sobrando justamente para viver uma vida interessante.

Existe uma "economia das coisas", que serve para resolver o nosso bem-estar por meio de produtos e serviços existentes no mercado. Mas é na "economia das gentes" que encontramos as relações, os valores e os propósitos capazes de nutrir a vida para além do que nos alimenta.

Bem-estar e estar bem fazem parte de uma vida que se deseja na plenitude, mas ambos cumprem uma parte da venturosa jornada. Parar por aí é assegurar apenas a existência. Manter-se vivo ainda não é vida. Ela pede mais!

Bem viver é a descoberta da nobreza que leva ao exercício de ser o que já se é potencialmente. É encontrar o seu devir, ou seja, o vir a ser.

Uma maneira de avançar do bem-estar para o bem viver é reconhecer dois outros tipos de economias: a de fora e a de dentro.

A "economia de fora" é a de que os noticiários se ocupam: o crescimento do PIB, a inflação, os juros, o câmbio, os tributos, os salários. Ao concentrar-se nela, a tendência é assegurar o bem-estar, na preocupação maior de garantir o que foi conquistado ao invés de conquistar o que ainda não se tem. Nessa roda-viva, a vida segue entre o maior e o menor bem-estar, e o bem viver passa ao largo. Enquanto o custo de vida sobe, o valor da vida desce.

É na "economia de dentro" que a vida se expressa com todo o seu potencial, pois é aí que residem os dons e talentos, a capacidade imaginativa, a geração de ideias, a vontade de ousar e de arriscar.

O fator-chave de todo o desenvolvimento econômico brota da inteligência e da criatividade dos seres humanos. A "economia das coisas" e a "economia de fora" são decorrências da "economia das gentes" e da "economia de dentro".

Merecemos tanto o bem-estar quanto o bem viver, e é um grande desperdício contentar-se com meia-vida, cuidando somente de uma de suas facetas e, por decorrência, descuidando da outra.

A justa medida no bem-estar é que dará o tempo e o espaço necessários para o bem viver. E é no bem viver que experimentamos a vida em sua plenitude.

Penso que os meus novos amigos merecem isso.

## 6
**Pegar o touro à unha**

Pela janela do chalé, continuo apreciando as árvores. A amizade entre elas se dá pela raiz, mas também pela copa. Examine as copas das árvores e vai perceber que elas estendem seus galhos até alcançar a altura da ponta dos galhos de uma vizinha do mesmo tamanho. Um par de árvores amigas cuida para que nenhum galho grosso demais se alongue sobre a outra. Os galhos mais "agressivos" são estirados na direção em que só existe espaço e mais nada.

A amizade entre as árvores depende do nível de proximidade e de afinidade entre os exemplares envolvidos. Vale ressaltar, no entanto, que raízes e copas não são os únicos meios de elas se relacionarem. As árvores transmitem também mensagens umas às outras por meio das flores. Ao exalarem aromas, fazem um convite às abelhas que, ao receber o néctar doce, rico em açúcar, sentem-se recompensadas pelo trabalho da polinização.

— E você? — pergunto à árvore-amiga defronte da minha janela. — O que você tem a me dizer?

Dessa vez, resolvo convidar os jovens para o almoço. Peço que seja servido na varanda da pousada para que não percamos a vista da natureza deslumbrante.

— Caríssimos, espero que a fome já esteja dando o ar da graça.

Como entrada, vem a salada, ao mesmo tempo em que inicio nosso papo.

— Vou relatar para vocês uma conversa que tive com o diretor de uma empresa. Para preservar o nome dele, vou chamá-lo de Astolfo. Prestem atenção, porque no final vou fazer algumas perguntas para vocês.

— Pode mandar — diz Gael, curioso, conferindo mais uma vez, e rapidamente, o smartphone.

— Pois bem, lá vai — termino de mastigar e abro espaço para o relato. — Quando ninguém acreditava, o touro já tinha sido capturado à unha — inicio.

— O touro? Que touro? — pergunta Gael, impaciente.

— Calma! O touro aqui representa o desafio que mais ninguém ousava se arriscar — ninguém, exceto o Astolfo. Muitos tentaram, mas era questão de tempo até serem desligados, tal qual técnicos de futebol que desfilam em um time que coleciona derrotas. Uma vez demitido, não havia mais chances de continuar na organização. E, no topo da hierarquia, o risco era ainda maior: tratava-se de um tudo ou nada! Todos conhecem os jogos de apostas entre os funcionários, tentando prever a contagem regressiva para que o conselho de acionistas colocasse o infeliz para fora da firma.

— Parece as conversas que ouço meu pai contar — comenta Gael, ao consultar novamente o smartphone.

— As unhas eram de Astolfo. Ele se transformou em uma referência entre os muitos líderes do setor. Encarou o desafio e mergulhou com tudo. Conquistou não somente o cargo, as funções e todas as suas incumbências como também o poder e a autoridade. Com a reversão dos resultados, teve direito, também, à participação societária. Conseguiu o que queria: ser o todo-poderoso da empresa.

— Daora esse Astolfo! — exclama Gael, animado.

— Foi daí que tomei conhecimento da sua existência, com a fama de que ele não era do tipo que fugia da raia, um profissional de inteligência afiada e alta eficácia. O perfil dele me interessava. Não foi fácil conseguir espaço em sua agenda, mas um conhecido comum facilitou o processo.

— Caramba! Isso é só a introdução? — surpreende-se Hanna, já concluída a salada.

Continuo, atraindo de vez a atenção dos jovens com o meu relato.

— Naquele início de tarde, parei o carro a alguns metros da guarita. Não esperava que, justo no dia e hora marcados, desabaria uma tempestade típica de verão. A prudência pedia que aguardasse até a chuva diminuir de intensidade. O rigor com a pontualidade exigia que eu me apresentasse no horário combinado. Por sorte, o guarda-chuva estava sobre os bancos traseiros e pude evitar o encharque. Tão logo autorizada a minha entrada, fui conduzido ao estacionamento na vaga ao lado das reservadas à diretoria.

— Isso está parecendo um filme — comenta Gael.

— Fui encaminhado até a sala de recepção e lá me deparei com um ambiente espartano. Tudo muito sóbrio e econômico, com pouco espaço para transitar. Alguns pares de pessoas aguardavam ser atendidas pelo chefe maior.

Enquanto os pratos quentes são servidos, continuo:

— Embora estivéssemos no período da tarde, Astolfo mantinha-se em sua sala desde cedo, sem tempo para o intervalo de almoço, como vim a saber. Mesmo tendo-o visto em capas de revista, ao vivo era mais robusto, com sobrepeso, mas nada letárgico, apresentando disposição e vigor. Mastigava algumas castanhas quando fui recebido, com quase uma hora de atraso.

Vou tentar reproduzir, para vocês, o diálogo que tive com Astolfo.

"Então o senhor veio me entrevistar", ele disse, desculpando-se pela demora enquanto conferia mensagens no seu smartphone.
"Sim", respondi, querendo ser agradável.
"Então vamos lá", ele me falou, sem tempo a perder. Acomodamo-nos um diante do outro, com a mesa de trabalho intermediando a nossa conversa.
O estilo Astolfo era o que me interessava. Para além da sua eficiência em resolvê-los, estava diante de alguém que gostava de problemas. Era como se fossem seu combustível, ou melhor, sua química. Precisava daquela adrenalina para se sentir vivo. Excitava-se diante de qualquer dificuldade, principalmente quando sabia que ninguém mais tinha sido capaz de resolvê-la. Uma empresa endividada e em recuperação judicial, pela qual muitos passaram sem dar solução, aumentava ainda mais a sua empolgação.
"Problemas não me amedrontam", disse Astolfo. "Ao contrário. O que não mata, fortalece. Sinto-me exercitando os músculos", ele comentou, rindo da própria analogia.
Para ele, o trabalho era como uma sessão de musculação na academia ou como participar de uma maratona de longa distância. Exigia força e resiliência, mas nada que a determinação não desse conta.
"O cinto estava apertado para a empresa e tive de fazer o mesmo com os funcionários. Introduzi o sistema de recompensas tanto para a área comercial como para a produção. Vendeu, levou. Não vendeu, não levou. Produziu mais, ganhou mais. Produziu menos, ganhou menos. É assim que as coisas funcionam da empresa para o mercado, não poderia ser diferente dos empregados para a

empresa. É a tal da meritocracia. Também não é diferente comigo com relação ao bônus que recebo."

Lá dentro, dava para ouvir os trovões. Pedi que ele falasse sobre a visão que tinha dos negócios.

Enquanto conversávamos, por várias vezes Astolfo consultava as mensagens que tilintavam no seu smartphone, sem perder o fio da meada.

"Gosto dessa citação de Sun Tzu", ele mencionou, enquanto recorria à página de um livro que estava sobre sua mesa. "Os que ignoram as condições geográficas — montanhas e florestas, desfiladeiros perigosos, pântanos e lamaçais —, não podem conduzir a marcha de um exército".

Sun Tzu foi um general, estrategista e filósofo chinês que escreveu o clássico *A arte da guerra*, pelo jeito uma obra de referência para Astolfo.

Resolvo fazer uma pausa.

— Estão gostando do relato? — pergunto aos dois jovens atentos.

— Essa parte sobre a empresa é meio chata — resmunga Hanna. — Comecei a gostar quando foi citado o Tsussu.

— Sun Tzu — corrijo Hanna.

— Eu gosto — contrapõe Gael. — Lembro das histórias que meu pai contava lá em casa — fala, ao conferir, outra vez, o smartphone.

— Então me digam: com base no meu relato, quais as características do Astolfo?

— Taí um cara que gosta de tretas — conclui Gael.

— Ele é muito ambicioso — acrescenta Hanna.

— Não se pode negar que é esforçado — complementa Gael.

— E implacável... — continua Hanna.

— Vocês veem nobreza no Astolfo?

— O cara não tem nada de arregão — elogia, a seu modo, Gael.

— Ele é resiliente — arrisca Hanna.

— E eficiente! — observa Gael.

— Muito bem! Astolfo representa um arquétipo: o do *guerreiro*. Notem que ele se anima com os problemas, disposto a galgar degraus mais elevados, marcar o território, garantir a sobrevivência mesmo que seja por meio da força e da resiliência, como Hanna lembrou.

Diante dos ouvidos atentos, prossigo:

— Daí a determinação e persistência diante dos desafios. Suas intenções são lutar, dominar, explorar, tal qual um bom guerreiro. E, sem dúvida, Gael tem razão: a eficiência e a eficácia são os seus valores preponderantes.

Ambos se entreolham, satisfeitos com seus acertos.

— Todo arquétipo tem o seu valor, mas também o seu intruso. No caso do guerreiro é a resistência. A de nunca desistir, mesmo se a vitória for inglória. Já ouviram falar da vitória de Pirro?

— Não — respondem quase juntos, curiosos por saber.

— Pirro foi um poderoso general grego da Antiguidade. Tinha um exército invejável, formado por cavaleiros, arqueiros, fundeiros, tropas de infantaria. Usava até elefantes em suas estratégias. Mas não foi isso tudo que o fez conhecido. Em uma de suas muitas batalhas contra os romanos, teve êxito, mas perdeu uma quantidade imensa de homens. Foi tamanha a carnificina que ele teria comentado, depois: "mais uma vitória como essa e estarei definitivamente acabado, derrotado". Daí o termo "vitória de Pirro" para definir as conquistas que, no fundo, não passam de lamentáveis derrotas.

— Pelo menos esse também não era arregão — Gael justifica.
— Sabe o que não notei nessa sua história? — interrompe Hanna. — Parece que ele não sente nada.
— Você tem razão, foi difícil fazer com que ele expressasse sentimentos, mas consegui na segunda parte da conversa.
— Ah! Não tinha terminado? — quer saber Gael, enquanto dá mais uma olhada para ver se existe alguma nova mensagem.
— Vou continuar, mas comam o prato quente antes que esfrie.

Astolfo olhou para o relógio, vi que estava ansioso. Consultei o meu, também, e percebi que tinha mais alguns minutos dentro do combinado. Perguntei se havia algum sentimento que ele gostaria de expressar. Respondeu com seu estilo pragmático: "As coisas vão bem e são como deveriam ser".

Insisti com a pergunta que não havia sido respondida. "Nada cai do céu, é preciso correr atrás." Recorria a chavões, mas não encarava a questão sugerida. Fiz de novo. "Sinto que tudo dará certo se fizermos as coisas certas."

— Caramba! O cara é difícil! — Hanna se exalta.

"Sim", pensei, "mas pela primeira vez fez uso do verbo". Continuava, porém, racionalizando, apelando para os jargões, fazendo uso do lugar comum, tentava tudo, menos declarar sentimentos. Resolvi modificar a pergunta: "Nesse final de conversa, o que o seu coração tem a dizer?".

Seu semblante amuou e, pela primeira vez, ele abriu espaço para a vulnerabilidade.

"Tenho sentimento de abandono."

Um silêncio se fez e, pela primeira vez, cruzamos os nossos olhares. Daquele momento em diante, a conversa prosseguiu sem interrupções. Continuo a contar a história, certo de que ambos me ouvem atentamente.

Astolfo contou de onde veio, uma pequena cidade do interior do estado de Minas Gerais. Dadas as dificuldades financeiras de seus pais — agricultores em uma pequena roça —, Astolfo foi oferecido ainda criança para viver com uma tia em Belo Horizonte. Lá, ela, seu marido e os três filhos acolheram o menino como membro da família.

A verdade, no entanto, é que Astolfo nunca se sentiu assim, embora brincasse com os primos. Ficava acomodado em um quarto do lado externo da casa. Às sete horas da noite, depois do jantar, era posto para dormir e, lá de fora, ouvia o som da TV que ficava na sala e que os tios assistiam até se recolher.

Aos seis anos de idade, Astolfo levantava e se dirigia à escola que ficava do lado oposto de onde morava, no mesmo quarteirão. Lá, fazia o seu lanche — café com leite e pão com manteiga e alguma fruta — e começava a ser alfabetizado.

Enquanto morava em Belo Horizonte, seus pais nunca o visitaram. A labuta do dia a dia na roça não permitia ausências. O único e raro contato entre eles era por telefone, um procedimento precário naquele tempo, pois dependia de os pais irem até a cidade e aguardar a disponibilidade das linhas.

Aos catorze anos, ele resolveu procurar emprego. Auxiliado pelo tio, recortou vários anúncios de ofertas de trabalho do jornal e saiu em busca. Não foi difícil preencher a vaga de office boy em uma empresa varejista.

Conciliar trabalho e estudos foi um exercício hercúleo na sua adolescência e juventude, mas esforço e dedicação não lhe faltavam. Tão logo se estabilizou na empresa, alugou uma quitinete e passou a morar sozinho.

Formou-se em administração de empresas, graduou-se e fez pós-graduação. Seu intuito sempre foi o de galgar um alto posto em alguma organização.

— Poxa! Agora, sim! — Hanna se anima.

Astolfo pediu à secretária que adiasse as reuniões da tarde. Nem sentimos o tempo passar. Nós nos despedimos com um abraço. A caminho do estacionamento, pensei que por mais fortes e confiantes que tentemos parecer, no fundo somos frágeis. Quando se eliminam as máscaras e as fantasias, a vulnerabilidade abre caminho para quem se é verdadeiramente, sem artifícios.

Já era noite. O céu azul abria espaço para o vislumbre da lua cheia.

# 7
## Cara ou coroa?

Naquela tarde, após o almoço, resolvemos fazer uma breve caminhada. A conversa do dia anterior corre solta sobre o Astolfo, o arquétipo do guerreiro, seus valores e intrusos.

Gael admite ter se reconhecido em várias características do guerreiro; Hanna, em algumas. Comento que a simbologia é universal e atemporal, mas os arquétipos têm significados muito particulares. E que, embora não façam parte do mundo físico, é nele que eles se manifestam. Por isso, trouxe o Astolfo como exemplo do guerreiro.

Digo a eles que, quanto mais souberem como os arquétipos operam, mais poderão observar a influência deles sobre os seus pensamentos, atitudes, comportamentos e crenças pessoais.

De repente, faço uma provocação:

— Hanna e Gael, vocês acreditam em anjo da guarda?

Gael ri da pergunta, Hanna assente com a cabeça.

— Pois bem! Imaginem que, quando vocês nasceram, o anjo da guarda soprou uma pergunta em seus ouvidos: cara ou coroa? Claro que vocês não entenderam aonde o anjo queria chegar. Daí, para ser mais explícito, ele jogou uma moeda para o ar e desafiou cada um: se der cara, você será uma pessoa virtuosa, de bons valores, honesta, mas será vista como inescrupulosa, mentirosa, falsa e sem caráter; se der coroa, você será uma pessoa inescrupulosa, sem caráter, mentirosa e falsa, mas todos a verão como virtuosa, íntegra, com bons valores. Qual você escolhe? Cara ou coroa?

Risos nervosos tomam conta da nossa caminhada. Sugiro a eles um dilema entre o parecer e o ser. O mundo cobra as aparências; a vida solicita a nossa essência. Hesitam responder. Sabem que o mundo das aparências se torna árduo quando não se é reconhecido, mas sabem, também, que a consciência manda a conta quando se deixa de ser quem se é.

A caminhada começa a se tornar indigesta. Faço outras provocações:

— Vocês estão vivendo a vida para a qual foram designados ou estão atendendo as demandas da sociedade, do mercado, da mídia? Quem são vocês?

As provocações não buscam respostas, mas instigam e consigo esse feito. Nossa caminhada prossegue, silenciosa. O momento é de reflexão.

Passados alguns minutos, acrescento:

— É inevitável! Diariamente, sofremos influências diárias da sociedade, da mídia, do ambiente em que vivemos. Nem sempre estamos conscientes dessas influências que vão nos distanciando de nossos valores.

— Quando posto imagens e vídeos nas redes sociais, fico receosa de estar sendo julgada — confessa Hanna.

— E eu morro de medo de ser cancelado — compactua Gael.

— Parece que voltamos ao tempo dos linchamentos em praça pública da Idade Média — comento laconicamente. — Vocês caíram em uma armadilha e é bom sair dela o mais rápido possível.

— Mas é a maneira que temos de nos comunicar com muitas pessoas — argumenta Gael.

— E isso está fazendo você se sentir mais ou menos solitário? — indago.

— Deu ruim — responde Gael.

Noto que eles reconhecem a realidade e querem se sentir mais capazes, competentes e talentosos; também, mais saudáveis e vigorosos diante de um mundo fora da ordem que os deixa exatamente o oposto, ou seja, mais ansiosos, temerosos, inseguros, sem enxergar sentido e um significado relevante para suas vidas. Querem bem viver em um mundo mais justo e humano.

Gael retoma a conversa.

— Fale mais sobre valores.

— Valor, valia, válido derivam do verbo latino *valere*, que significa ser sadio, aquele que se sente bem. O valor possui uma força inerente, a serviço de quem o tem e de quem o vive.

Os jovens ouvem, atentos.

— Sem valores não há como ter uma vida sadia. Sim, porque nos dão as melhores respostas sobre o "que somos", nos definem corretamente, nos honram e que, de maneira recíproca, devemos honrar.

— Ou seja, é deixar de ser a vela para ser o leme do navio — compara Hanna.

— Adorei a analogia. Somente quando nos damos conta de quem somos e tomamos o leme da embarcação é que a nossa vida se torna sadia e vivida com nobreza. Uma bênção para nós mesmos e para os outros.

Ambos sorriem, esperançosos.

— Proponho pararmos aqui por hoje. Preciso retornar ao meu ofício.

# 8
## Vitória derradeira

No dia seguinte, nós nos encontramos na sala de jogos anexa à pousada, com mesas de sinuca, pingue-pongue, pebolim, damas e xadrez.

— Lembra-se desses jogos, Gael? — pergunto, provocando.

— Não são tão divertidos quanto os games — responde, sem manifestar dúvidas.

— Quando esses jogos foram inventados, há mais de um século, nem se cogitava os eletrônicos.

— Vamos jogar? — convida Hanna, empunhando uma raquete de pingue-pongue.

Ela demonstra destreza. Gael só ouve o zunido da bolinha passando por suas laterais.

— Não são bolinhas virtuais, não — zomba Hanna. — São reais.

Bastou uma delas voar até a sua testa para ele ter certeza. Rimos todos. Estamos à vontade, em clima descontraído. Depois, fazemos um torneio de sinuca e outro de pebolim. Hanna, ligeirinha, ganha quase todos os jogos.

— Puxem uma cadeira — proponho. — Vou lhes apresentar outro personagem.

— Mais um arquétipo? — pergunta Hanna.

— Sim, dessa vez personificado no Jorge.

— Quem é o Jorge? — questiona Gael. — Ele vai ajudar a decifrar o código de nobreza?

— Vocês vão saber e reconhecer. No final, vou fazer perguntas a vocês, como da última vez. E, claro, Jorge não é o verdadeiro nome dele.

Gael deu uma última olhada no smartphone para dedicar a sua atenção ao relato.

— Jorge preferiu o encontro num restaurante chique do Itaim, bairro paulistano reconhecido pela boa culinária.

Deixei o carro com o manobrista e entrei, passando o olhar por todo o ambiente, bem-composto entre cores, luzes e temperatura. Ainda era cedo para o almoço, havia muitas mesas disponíveis, mas Jorge escolheu uma central.

"Assim as pessoas conseguem nos ver", ele justificou, enquanto se levantava para me cumprimentar.

Disse que era habitué no local e, portanto, conhecia muitas pessoas, a maioria empresários e executivos bem-sucedidos. Considerado sagaz e arrojado, era admirado por sua verve empreendedora.

Já tivera outras empresas, mas resolveu vende-las à concorrência antes que perdessem o seu valor. Gostava do jogo do mercado, sabia a hora certa de entrar e a de sair. Habituado a ganhar, apreciava muito as vitórias. Era assim com ações na bolsa, fundos de investimento e criptomoedas, recentemente.

A sua última empreitada era uma *fintech*, *startup* financeira que, por meio da tecnologia, desenvolve produtos digitais. Dado seu poder de persuasão, conseguiu captar recursos de vários investidores, permitindo um rápido crescimento e destaque no setor de atuação.

Bem-vestido e em boa forma, Jorge, com ares joviais, combinava com o ambiente.

— Achei esse tal Jorge interessante — admite Gael.

— Começamos a conversa quando ele me apresentou a Hermes.

— Outro arquétipo? — volta a perguntar Hanna.

— Não. Ele conhecera Hermes graças ao pai dele, um comerciante. Vou reproduzir do jeito como ele me contou.

"O mercado não é um lugar ingênuo nem é para amadores. Lembro-me do meu velho pai, corretor de terras em Mato Grosso. Ele contava uma história que guardo comigo. A de Zeus, aquele que residia no monte Olimpo e regia o Universo. Escalava seus familiares conforme as competências. Pensava em um deles para ser o deus do comércio, cuidar das transações, fazer negócios promissores, assinar bons contratos. Escolheu o Hermes."

"Hermes não é aquele que tinha sandálias com asinhas?", perguntei, resgatando a imagem de capa da agenda paulistinha dos tempos em que eu trabalhava no comércio.

"Esse mesmo! E sabe por que ele foi escolhido? Porque era o que sabia mentir melhor", comentou, rindo do critério.

"Espero que essa escolha não tenha estimulado tantas manhas e artimanhas no mundo dos negócios."

"Não é à toa", respondeu com ar sério. "Existem motivos para que o mercado não seja ingênuo."

"E quais são os motivos?"

"Não tem para todos, eis o dilema."

"Você está dizendo que o mercado é um lugar de escassez, é isso?", perguntei a ele.

"E não sou eu quem diz. Conhece a teoria de Malthus?"

Jorge se referia a Thomas Malthus, economista britânico do século XVIII.

"Lá atrás, Malthus já alardeava ao mundo a sua teoria, ou seja, de que haveria uma catástrofe inevitável, pois a população crescia em progressão geométrica, enquanto a produção de alimentos só aumentava em progressão aritmética. Isso acarretaria uma drástica escassez de alimentos e, como consequência, a fome."

"Mas a teoria malthusiana não acertou a profecia. Com o apoio da tecnologia, existe uma crescente produção de alimentos", comentei.

"A profecia ainda está em curso", ele retrucou, convicto. "E a fome está aí, só não vê quem não quer. Daí, as guerras. Um país querendo tomar o território do outro, onde existem mais riquezas. Antes era a lei do mais forte, agora é a lei dos mais ligeiros. A menos que..."

"A menos que...?", perguntei, aguardando alguma exceção para uma regra tão fatídica.

"Você conhece a fábula do coelho e da tartaruga, não é?"

— Como vocês podem notar, Jorge era um bom contador de histórias. Respondi a ele:

"Conheço."

"Então você sabe como termina."

"Vale lembrar."

"A tartaruga desafiou o coelho para uma corrida. Suas amigas zombaram dela: como você pode apostar uma corrida com o bicho mais veloz da floresta? Você vai perder feio e passar vergonha.

"O fato é que a tartaruga não se intimidou. Na data marcada, depois do necessário aquecimento, o coelho e a tartaruga se posicionaram. O macaco deu o tiro de largada. Sob aplausos das torcidas, começou a competição do século. Em menos de um minuto, depois de uma desabalada carreira, o coelho, que havia se distanciado muito da sua rival, tirou uma soneca.

"Ele pensou o seguinte: aquela tartaruga tola vai demorar uma vida inteira para chegar até aqui. Enquanto isso, aproveito para descansar e depois disparo de novo para a reta final.

"Deitou-se à sombra de uma árvore e relaxou a ponto de entrar em sono profundo. A tartaruga, caminhando lenta e silenciosamente, passou por ele sem ser percebida. Quando o coelho acordou, ficou sabendo que ela vencera a corrida. Mesmo inconformado, teve de aceitar a realidade."

"Moral da história: nem sempre os mais ligeiros vencem", eu disse ao Jorge, contrariando a sua tese.

"Moral da história: ser ligeiro é bom, mas ser esperto é ainda melhor", retrucou Jorge, aperfeiçoando sua tese. "Esse é o jogo. Entrar rápido, quando o mercado está em baixa, sair ligeiro quando está em alta. É assim que tenho multiplicado meu patrimônio. Mais do que velocidade, é uma questão de sagacidade."

— Esse Jorge é mesmo daora — elogia Gael.

— Fico pensando se a tartaruga não devia ter acordado o coelho para um resultado mais honesto — comenta Hanna.

— Quem faria isso? Era certo que a tartaruga não tinha como vencer o coelho, a não ser por meio de alguma jogada — diz Gael.

— Aposto que eles nunca vão conseguir ser bons amigos — conclui Hanna.

— Fiz esses comentários com o Jorge, mas ele concluiu dizendo "negócios são negócios, amizades à parte, como diz um velho ditado. Nos negócios, o que conta mesmo são os resultados. Afinal, é só dinheiro".

— Uau! — exclama Gael. — Esse sabe das coisas!

— Vou continuar o relato. Quando o garçom serviu o almoço, Jorge me fez uma pergunta:

"Você já ouviu falar no índice de medo e ganância?". Admiti que não, e ele tratou de explicar. "Criado e divulgado pela CNN Business, auxilia operadores do mercado financeiro e de capitais a tomar decisões. De 0 a 100, quanto mais baixo o índice, maior é o medo, e quanto mais alto, maior é a ganância."

"Durma com um barulho desse!", exclamei. "Entre o medo e a ganância é o espaço onde a economia acontece?!"

"Saiba que, durante a pandemia, o índice chegou a 92 pontos, indicando uma ganância extrema."

"Ou seja, as pessoas estavam mais gananciosas do que temerosas", deduzi.

"É assim que as coisas funcionam", arrematou. "Quer goste ou não."

— E então, qual é a nobreza de Jorge? — pergunto aos jovens.

— Ele tem o seu valor — diz Gael. — A determinação é um deles.

— A intenção dele é vencer — avalia Hanna. — E competir é o seu divertimento.

— É arrojado — completa Gael. — Para ele, parece não existir limitações.

— Jorge representa o arquétipo do *jogador*. Valoriza mais o resultado do que o processo, certo de que o que vale mesmo é a bola na rede.

— Lembra também o Pirro, aquele do arquétipo anterior — sugere Hanna. — O que conta é vencer, mesmo que a vitória custe caro.

— É verdade — concordo. — Também tem o ímpeto de se comparar, daí seu instinto competitivo. É bom de conversa, exímio na arte da persuasão.

— Top! — comenta Gael. — Será que esse é o principal arquétipo dos empreendedores?

— Alguns são bem típicos do arquétipo do jogador

— observo —, mas nem todos. Temos empreendedores inspirados por outros arquétipos.

Jogo uma bolinha de pingue-pongue no ar para ver quem pega e ambos tentam, abruptamente. Demonstro, assim, o instinto do jogador que existe em cada um de nós.

— Para o Jorge, competir é importante, mas vencer é o que mais conta. Desistir é um verbo que não entra no vocabulário do jogador.

— Mas ele deve ter também o seu intruso, assim como o guerreiro — arrisca Hanna.

— Sim, tem — concordo. — É a desconfiança. E isso vocês podem constatar na continuação do meu relato.

"Qual é o seu maior medo?", perguntei à queima-roupa, tentando obter uma resposta espontânea, sem molduras.

"Medo nenhum", Jorge respondeu sem pensar.

"Mas você não tem medo de ser passado para trás?"

"Como disse, o mercado não é ingênuo, e é preciso confiar desconfiando."

"Como é confiar desconfiando?"

"O ser humano é egoísta e ganancioso por natureza, portanto, nada confiável. A confiança precisa ser conquistada, ou seja, eu confio nas pessoas que provam ser dignas da minha confiança."

"Jorge, me conte como é uma vida vivida na desconfiança?"

— Tentava ultrapassar a couraça de vencedor em que Jorge se revestia, almejando me aproximar um pouco que fosse do ser humano falível.

A pergunta fez Jorge parar e pensar. Olhou ao redor, as pessoas conversavam avidamente às mesas, mas meu interlocutor buscava algo na memória.

"Lembrei-me de uma anedota que meu pai repetia várias vezes."

"Conte-me", pedi, animado.

"O patrício colocava o filhinho de pouco mais de um ano sobre a mesa e dizia: '*bula*, *habib*, no colo de *babai*'. A criança saltava e o pai a acolhia no colo. A criança sorria, o pai a afagava e depois a colocava novamente sobre a mesa e repetia a brincadeira. A criança saltava e o pai a acolhia no colo e a afagava novamente, recompensando a sua coragem. Repetia mais algumas vezes até que, em uma delas, tirava o corpo fora deixando que ela despencasse no chão. O filho chorava, enquanto o pai fazia daquela dor um ensinamento: 'isso é para você aprender a não confiar em ninguém'."

"É mesmo uma anedota?", perguntei, sem conseguir achar graça.

"Meu pai contava em meio a outras anedotas", disse.

Havia avançado um pouco na sua intimidade, mas queria ir mais além. Tentei seguir por aí.

"Conte mais sobre seu pai."

"Sempre foi muito competitivo. Aprendi com ele que o que conta mesmo é ser o primeiro no pódio. 'Quem lembra do vice-campeão?', ele costumava perguntar."

Ria ao lembrar:

"Até quando jogávamos bola no quintal, eu ainda criança, ele tratava de ganhar. Ou seja: eu perdia todas, diante daquele brutamonte invencível."

"Então ele ganhava sempre, não havia surpresas."

"Nas noites de sábado, ele costumava jogar baralho com parentes que iam nos visitar", ele lembrou. "Quando começava a perder, ele perdia também o espírito esportivo. Passava a arranjar encrencas. Gostava de jogar, mas gostava mais ainda de ganhar."

"Tal pai, tal filho?", provoquei.

"Penso que sim, de certa forma...", respondeu. Mas acrescentou, sem sorrir: "... até que um dia, ele deixou nossa casa".

Eu olhava em seus olhos, agora entristecidos.

"Arranjou outra mulher e foi morar com ela, para tristeza de minha mãe, que mergulhou em profunda depressão."

"E como você se sentiu na ocasião?"

"Rejeitado", respondeu sem pensar muito.

Naquele instante, outro Jorge estava sentado à minha frente.

"E o quanto esse sentimento ainda está presente em você?"

Silêncio. Pareceu-me que ele ainda não havia parado para pensar a respeito.

"Queria retornar à pergunta que havia me feito antes, sobre o medo. A rejeição ainda é, para mim, uma ameaça."

Pedi mentalmente que o garçom não nos interrompesse naquele instante.

"Sou bom de negócios. Sei ganhar e as pessoas que estão comigo também ganham. Mas sempre acho que permanecem a meu lado por essa razão, ou seja, não sou eu, mas as minhas vitórias que as atraem."

Jorge abria a sua intimidade, em forma de desabafo.

"Elas não me amam. Elas amam os prêmios, as comissões, os bônus que eu lhes proporciono."

Mirei no olhar de Jorge. Queria que soubesse que podia confiar em mim. Sabia que o paraíso perdido é a confiança perdida. Sem confiança a vida se transforma em um inferno e ninguém merece viver nele. Nem Jorge nem seu pai. Conquistar o paraíso, um outro mundo, teria de ser a sua vitória derradeira. Mesmo que, para isso, tivesse de enfrentar a derrota e ceder a vitória.

Ao final do relato, Gael se desculpa e pede para se retirar, porque não está se sentindo bem. Seu pai lhe enviara uma mensagem dizendo que não viria no final de semana.

Fico com Hanna mais algum tempo. Tentamos uma partida de sinuca, mas desistimos. Sem Gael, o trio está incompleto.

# 9
## Onde a nobreza mora

"Bom dia!", é o que ouço de *Homeostasis*, a árvore-amiga, tão logo abro a janela. Dei-lhe esse nome com base no conceito advindo da biologia — homeostase —, de que todo organismo vivo tem a capacidade de restabelecer o equilíbrio cada vez que se altera.

As árvores são mesmo fascinantes, não me canso de apreciá-las. No subterrâneo, contam com agentes colaboradores. São os fungos, os quais, com a sua rede extensa, funcionam como uma gigantesca distribuidora de energia. As árvores se sincronizam de tal forma que todas têm o mesmo rendimento. Como se soubessem, por intuição, que juntas são mais fortes, ajudam-se de maneira incondicional. Uma lição virtuosa da natureza.

Vou parar por aqui, pois trata-se de um livro sobre a nobreza humana e seu código, não sobre botânica ou silvicultura.

"Bom dia!", devolvo à *Homeostasis*, enquanto me preparo para a escrita.

"Ser ou não ser" é a famosa frase de abertura da peça *Hamlet*, escrita por William Shakespeare. Lanço, aqui, outra indagação: ter ou não ter? Eis outra questão.

A "economia das coisas", que todos conhecemos, é a economia do ter. Para viver, precisamos ter coisas. Quem nada tem, nada é. A meta suprema é ter cada vez mais.

Está de tal maneira impregnada em nós, que confundimos o ser com o ter. "Tenho uma ideia" em vez de "eu imagino". "Tenho saudade" no lugar de "eu sinto".

"Tenho vontade" e não "eu quero". "Tenho saúde" em vez de "sou saudável".

Ter filhos é diferente de ser pai. Há quem tenha filhos e não seja pai, e há quem seja pai sem ter filhos.

Quando se diz "tal jovem tem futuro", a que o emissor da frase está se referindo?

A escolha entre "ter" e "ser" representa características arquetípicas que definem dois modos de existência distintos, os quais, por sua vez, definem o pensar, o sentir e o agir de uma pessoa.

Há quem tenha uma opinião e por isso não se dispõe a mudá-la. Seria algo semelhante a perder uma posse. Há quem tenha autoridade, sem ser autoridade. Para isso, recorre ao comando e ao controle. Há quem tenha fé, sem ser fiel. Há quem tenha uma religião, sem ser religioso, e há quem tenha Deus como ídolo, mas não a experiência íntima do numinoso.

Há quem acredite, ainda, estar aprendendo simplesmente por ter acesso às informações. Cerca-se, portanto, dos meios para obtê-las, sem aprender a ser aprendiz. Aprender implica concentração, compreensão, apreensão e incorporação diante do novo conhecimento. É diferente de apenas registrar, documentar, possuir.

Lembro-me de uns quadrinhos antigos de Romeu, o descasado, em que ele aparecia sentado na cadeira de balanço apreciando sua biblioteca e refletindo: "Quanto conhecimento!". Os livros são inertes, a menos que sejam lidos e incorporados, como um exercício de antropofagia.

Ao olhar fotografias, nem sempre reconheço onde e quando foram registradas. O passado não está nos registros, mas na recordação. Re-cor-dar é retornar para onde o coração ficou. Eu não recordo porque eu tenho uma história. Eu tenho uma história porque recordo e retorno ao coração de um tempo e de um lugar de onde ele nunca saiu.

Por isso, as motivações do ter diferem das motivações do ser. As primeiras são impulsos biológicos ligados à sobrevivência. As segundas, impulsos biográficos conectados à existência.

Ter implica pertença, usufruto e aparência. Ser implica pertencimento, desfrute e essência.

Se o que somos é o que temos e se o que temos se perde, quem, então, somos nós? Ou seja, o que resta depois que nada mais resta?

Não se trata, no entanto, de uma apologia contra o ter. O que importa não são os vários objetos do ter, mas a nossa atitude humana de não nos agarrarmos a eles, de não nos deixarmos algemar, de não os possuir como muletas, de não deixar que interfiram na própria liberdade e de não nos tornarmos, também, objetos. As coisas são inertes e tornam inertes também os sujeitos.

O ter pode ser um nutriente do ser, como os alimentos físicos (uma deliciosa refeição); os alimentos intelectuais (um bom livro ou um bom filme); os alimentos espirituais (uma religião tradicional ou uma prática contemplativa).

O ter pode ser também intoxicante, causador de ciúme e inveja.

Reza a lenda que Alexandre, o Grande, o homem mais poderoso de sua época e dono do maior império do mundo antigo, com toda a sua riqueza, admirava Diógenes, o filósofo grego que defendia a simplicidade e a rejeição das convenções sociais. Tanto o apreciava que tratou de conhecê-lo pessoalmente.

Alexandre encontrou Diógenes relaxando ao sol, vivendo em um barril. Admirado por tal desapego e audácia, Alexandre se aproximou e perguntou se poderia fazer algo por ele. Diógenes, sem se levantar e mantendo uma atitude indiferente, respondeu: "Sim, pode. Afaste-se, você está bloqueando o meu sol".

Conta-se que Alexandre, impressionado com a sabedoria de Diógenes, disse aos seus seguidores: "Se eu não fosse Alexandre, gostaria de ser Diógenes".

O não-ter de Diógenes constitui experiência de ser. O excesso de Alexandre é um ter que diminui o ser.

Enquanto ser, o que importa é a vida, e esta implica movimento, atividade, fluidez, jorro, renovação, renascimento. Ser vivente é manifestação dos dons e talentos. Significa aprender, renovar-se, evoluir, interessar-se, desejar. É mais do que estar apenas atarefado ou ocupado.

Nada nem ninguém poderá abalar a segurança e a identidade de quem é o que é, e não o que tem.

A "economia das coisas" está se transformando na "economia das não-coisas". É só olhar para o novo mundo, feito de Google, iCloud, IA. Jamais tivemos na história humana tantas informações disponíveis e acessíveis. Muito conhecimento na memória do computador ou da nuvem, pouco na memória humana, até porque o sistema cognitivo é incapaz de suportar o bombardeio diário que desrespeita as tréguas e, uma vez saturado, não consegue processar além da sua capacidade natural. Continuamos olhando o mundo pelo buraco da fechadura. Nós nos acomodamos acessando a memória externa e o efeito colateral é a nossa transformação em informaníacos.

O smartphone é o novo parque de diversões, sem que se precise sair de casa, o que agrava ainda mais o autocentrismo. O planeta está diante de uma nova geração, também denominada de "geração dopamina", dada a sua dependência de estímulos para que se sinta viva. A dopamina provoca a sensação de prazer e de aumento da motivação.

O filósofo Heráclito predizia, em 450 a.C.: "ninguém se banha no mesmo rio duas vezes". O novo rio de hoje é a internet, que muda a cada instante e já não é a mesma desde que você começou a ler este capítulo. Essa insustentabilidade pede outro tipo de sustentação.

Mesmo submetendo-se aos efeitos da dopamina, os jovens nunca se sentiram tão vazios, desesperançados e inúteis.

Quais são as motivações que impulsionam cada arquétipo? Como essas motivações afetam suas atitudes e comportamentos? Tais motivações sustentam carências ou desejos? Quais as diferenças entre ambos?

Onde Gael e Hanna gostariam de estar? Quais são as motivações concernentes para que estejam onde gostariam? O que eles precisam fazer para qualificar suas motivações? Quais são os valores que estão por trás das motivações, carências ou desejos? Onde mora a nobreza?

Essas são as boas perguntas que pretendo fazer aos meus novos amiguinhos. Agora tenho de retornar à escrita do livro.

## 10
## Fundo do poço

Fazia tempo que não via um poço d'água, desses que se puxa um balde por uma corda enrolada em uma manivela de madeira.

Resolvi levar os dois jovens para puxar água de poço, do jeito como eu fazia na infância, quando morava em uma cidade do interior. A pousada, embora conte com poço artesiano, mantém o antigo poço de água potável como lembrança do tempo em que fazia parte de uma fazenda.

Bufando pelo esforço, Gael puxa o primeiro balde. Despejamos o conteúdo em outro que está na borda do poço. Chega a vez de Hanna, que precisa de Gael para dar cabo da incumbência.

Despejo, então, o novo conteúdo no mesmo balde em que havia reservado a água que Gael trouxera na puxada anterior. Eles estranham o meu gesto ao ver a água transbordar, esparramando-se, porque o recipiente está quase repleto.

— Esse é o excesso — eu digo. — Considerem que a água representa o dinheiro, o poder ou o conhecimento. O balde não comporta mais nada, mas continua recebendo mais dinheiro, poder e conhecimento.

Trato de devolver a água do balde repleto ao outro, atado à corda e vazio.

— Olhem para o balde vazio — sugiro. — É angustiante vê-lo assim quando se tem sede.

Eles assistem a tudo, interessados e curiosos.

— Agora vejam... — voltei a colocar água, apenas até a metade —, não ficou cheio, nem vazio. A angústia agora está em preencher a parte que falta. Enquanto isso não acontece, a atenção não consegue estar em qualquer outro lugar senão em buscar esse preenchimento.

Querem saber aonde isso vai dar.

— Tanto o balde transbordante como o balde vazio ou pela metade sofrem do mesmo tormento: o da escassez. O que transborda acredita que a água pode vir a faltar e, por isso, aceita mais. O que está pela metade lamenta a parte que falta, dando pouco valor à parte preenchida. O vazio padece de penúria.

— No exemplo, os baldes representam necessidades, correto? — pergunta Gael.

— Sim — respondo.

— Só tem um jeito de resolver isso — indica Hanna —, aumentando o tamanho do balde.

— Ou seja, aumentando as necessidades?! — questiona Gael, hesitante.

— Necessidades são feitas de carências e desejos. Se aumentarmos as carências, a escassez continuará presente e não há tamanho de balde que dê conta de uma água que não sacia — eu digo.

— Tá num beco sem saída — conclui Gael.

— Mas, se transformarmos carências em desejos, daí sim, podemos aumentar o tamanho do balde para que comporte mais água.

— E como saberemos quando se trata de carência ou de desejo? — Gael indaga.

— Vocês saberão... — eu respondo, enquanto aproveitamos para beber o líquido mais precioso da face da terra com uma caneca de ágata.

Um lanche nos espera na varanda da pousada. Enquanto comemos, anuncio que avançaríamos naquela tarde para o terceiro arquétipo.

Antes, Hanna quer dirimir dúvidas que tem sobre os arquétipos anteriores.

— Você nos apresentou dois personagens: Astolfo e Jorge. — A nossa convivência e intimidade permite que Hanna troque o *senhor* pelo *você*, o que muito me alegra. — Ambos estavam bem de vida — continua. — Guerreiros e jogadores, pela gana que têm, sempre serão bem-sucedidos?

— Vamos de novo recorrer à mitologia grega — respondo. — Dessa vez para falar de outro mito, o de Sísifo.

Gael puxa uma cadeira para escutar.

— Sísifo era considerado o mais astuto de todos os mortais. Um verdadeiro mestre das manhas e artimanhas. Sabia mexer os pauzinhos para conquistar aquilo que queria.

— O arquétipo do jogador — Gael arrisca.

— Sua esperteza, porém, acabou irritando o grande Zeus, que lhe impingiu um terrível castigo: foi condenado a rolar com suas próprias mãos uma grande pedra de mármore até o cume de uma montanha. Sempre que ele estava quase conseguindo alcançar o topo, a pedra resvalava montanha abaixo, de volta ao ponto de partida. Esse esforço em vão transformou-se em uma provação eterna, uma sina. Daí surgiu a expressão "sina de Sísifo", para denominar o esforço demasiado que não leva a lugar nenhum.

— Entendi — assente Hanna. — Nem sempre o jogador sai ganhando.

— Esforço, força, resiliência, arrojo, astúcia forjam uma

vida que revida. Ainda não é tudo — complemento. — A nobreza pede mais.

— Sísifo nunca vai conseguir preencher o seu balde! — conclui Gael.

## II
## O passo desbravador

— Gael, acho que você nunca viu uma galinha de verdade — Hanna debocha.

— Só na panela... — devolve Gael, rindo.

Noto, satisfeito, que eles já se sentem à vontade entre si. Começamos a subir a ribanceira. Peço que, no caminho, prestem atenção a folhas, folhagens, flores.

— Percebem que existe uma harmonia na natureza? Encontramos a mesma proporção em todas as folhas, inclusive quando são de espécies diferentes.

Olham com avidez, buscando identificar a ordem natural que existe na natureza.

— Vocês vão encontrar essa mesma harmonia nas pétalas de uma flor ou nos galhos de uma árvore.

Na descida, Gael apoia Hanna, para que ela não escorregue.

— Para além da floresta onde estamos, vocês também vão encontrar essa harmonia em vários outros elementos da natureza: no caracol, no girassol, na couve-flor e no repolho, no furacão, nas moléculas do DNA e também na formação das galáxias.

— Que massa! Nunca tinha me dado conta disso! — Gael, maravilhado, exclama.

— Essa ordem natural influenciou a matemática de Pitágoras, a arte de Leonardo da Vinci, a arquitetura de Phidia e Gaudí e a música de Bach e Beethoven.

— É mesmo fascinante! — comenta Hanna.

— Vamos nos sentar nessa pedra. Aqui tem sombra. Está na hora de eu apresentar a Valentina para vocês.

— Oba! Finalmente uma mulher! — enaltece Hanna.

— Sim, e nem preciso ficar repetindo que, assim como os outros, preservo o nome verdadeiro da nossa nova convidada.

Os dois jovens se acomodam e eu, também.

— A reviravolta que Valentina deu em sua vida me interessava, tanto pela coragem de deixar um emprego cobiçado por tantos em uma reconhecida companhia multinacional, como por ter abandonado anos dedicados aos estudos. Formou-se em química, chegando à pós-graduação em uma renomada universidade, com extensão no exterior. Embora estivesse bem — emprego, trabalho, renda —, disse em uma entrevista que cansara dos teatros organizacionais. Resolveu empreender com o seu próprio negócio.

— Teatros organizacionais? — pergunta Hanna.

— Isso de colocar as máscaras da aparência à frente de tudo — retomo. — Conheci Valentina justamente pela entrevista concedida a uma revista especializada em empreendedorismo, e o fato de ser mulher também foi a razão da minha escolha para uma conversa.

Nosso encontro se deu em um lugar agradável: uma cafeteria de ambiente decorado naturalmente pelo colorido das flores, inserido no cenário paradisíaco das árvores do parque ao redor. Um oásis em meio à selva de pedra que circundava a área.

Cheguei um pouco antes e logo escolhi uma mesa em local privilegiado, de onde se avistava o lago com suas águas esverdeadas.

Lenço na cabeça, óculos escuros, ao chegar, Valentina lembrava uma atriz de Hollywood. Veio com a sua cachorrinha, daí a escolha do local. E a apresentou: "Essa é a Amora", antes mesmo de me cumprimentar.

"Muito prazer", respondi, acariciando o animalzinho. Ao vivo, era mais alta e magra do que parecia nas fotos. Uma bela mulher.

— Hummmm! — sussurra Gael, enquanto Hanna ri da sua expressão.

Valentina pediu um cappuccino com bolinhos de chuva e eu, um expresso duplo com pães de queijo. Era do que precisávamos para dar início à prosa descontraída.

"Aprendi com a minha avó a fazer bolinhos de chuva", ela disse. "Combinava com o frio do Rio Grande do Sul. Lembro-me de como misturava os ovos, o açúcar, a manteiga e o sal até que se transformasse em um creme."

Escutava com atenção. Também me lembrei dos bolinhos da minha avó, mas nunca havia me interessado em saber como ela os preparava.

"Quem acrescentava o leite e a farinha era eu", disse ela sorrindo só de lembrar. "Enquanto ela mexia com a colher. Depois, misturava o fermento. O óleo era aquecido em uma caçarola funda. Eu a ajudava a modelar os bolinhos: duas colheres de sopa para uma porção. Minha avó fritava aos poucos até dourarem por completo. Daí, os escorria em papel-toalha."

"Está faltando a canela nessa receita", eu disse, tentando também demonstrar conhecimento.

"Calma!", comentou, rindo. "No final, os bolinhos quentes eram passados em uma mistura de açúcar e canela."

— Hummmm! — agora é a vez de Hanna. — Está dando água na boca.

— Foi o que eu disse a ela — completo.

"Não estou resistindo. Vamos experimentar esses que você pediu."

Cada um retirou o seu da cestinha de vime coberta com papel-manteiga.

"Hum, delicioso!", ela comentou, enquanto liberava Amora para brincar no gramado.

"Corresponde à sua memória de infância?", eu quis saber.

"Minha avó tinha um segredo que diferenciava os seus de todos os outros."

"Pode revelar o segredo?", perguntei, curioso.

"Raspas de laranja. Misturava à massa dando aos bolinhos um sabor especial."

"Poxa, você entende do riscado, hein?", comentei, enquanto sorvia um gole de café. "Se você tivesse se dedicado à culinária, não estranharia o seu empreendimento. Química e culinária se relacionam. Mas por que você resolveu largar a profissão e uma carreira bem-sucedida para abrir uma clínica veterinária?"

"Curiosidade", respondeu, sem muito pensar.

"Pode explicar?"

"A minha decisão surgiu durante a pandemia. Fiquei abismada ao ver tantas pessoas adotando *pets*. Aumentou, portanto, a população de animais de estimação e também a conscientização dos tutores sobre os cuidados e a saúde de seus *pets*. Logo compreendi que haveria um crescimento na demanda de serviços veterinários e resolvi abrir uma clínica. Expandi para mais três, nos últimos dois anos. A minha previsão estava certa. É mesmo um mercado promissor."

"Foi um tiro certeiro. Parece que você se deu bem rápido demais."

"Não foi bem assim. O nome da companhia em que eu trabalhava era a extensão do meu. Quando me demiti, perdi não apenas o sobrenome, mas pessoas que eu considerava amigas, embora não passassem de colegas de trabalho. Eu me senti em um deserto."

"Então não foi tão fácil como parece."

"Nada fácil. Havia perdido o chão. Cheguei a me arrepender da decisão. Fui muito impetuosa. Gente mais próxima dizia que eu tinha feito uma grande burrada. 'Como pode largar um bom emprego e uma carreira bem-sucedida para se aventurar em um mundo arriscado?', era o que eu ouvia com frequência."

"E como virou a chave?"

"Enquanto olhava para trás, a chave não virava. Eu me ressentia do que havia perdido: renda, status, prestígio, poder. Foi quando resolvi olhar para a frente. Descobri que até a metade do deserto era difícil de atravessar, mas dali em diante o passado ia diminuindo de tamanho. Tratava-se de olhar para o futuro que, quanto mais avançava, mais se revelava. No início, o futuro era apenas uma miragem, mas aos poucos foi se transformando em uma imagem mais nítida e compreensível."

"Mas, para prosseguir, é preciso coragem."

"Coragem é consequência. É preciso dar o passo e acreditar que naquele deserto existe um oásis à sua espera. Sem esquecer, porém, das pedras no meio do caminho. O deserto não é nada confortável."

"Imagino. As contas para pagar, as reservas diminuindo de tamanho, as incertezas, os riscos."

"E, principalmente, muita gente dizendo no seu ouvido que você perdeu o juízo."

— O que acharam do relato até aqui? Qual é a nobreza de Valentina? — pergunto aos jovens.

— Saber fazer bolinhos de chuva — responde Hanna,

fingindo que não havia entendido a pergunta. — Até tomei nota da receita.

— Ela é persistente — diz Gael.
— E muito dinâmica — completa Hanna.
— Vocês estão certos! — aprovo. — Dinamismo e persistência são os valores desse arquétipo.
— Ela também é muito curiosa — diz Gael.
— Curiosidade! Essa é principal característica do arquétipo do *curioso*.
— Percebi também que a Valentina está preocupada com os outros, no caso os *pets* e os seus donos — acrescenta Hanna.
— Bem observado — comento. — Interessante notar também que tantos outros que atravessaram a pandemia não se deram conta da sacada de Valentina.
— Talvez não sejam tão curiosos como ela — sugere Gael.
— E, por ser curiosa, enxerga além do que os não curiosos são capazes de ver e compreender — esclareço. — A curiosidade é a mola propulsora que nos coloca adiante do lugar comum, no espaço entre o que existe e o que poderia existir.
— Tem a ver com o código de nobreza? — quer saber Gael, sem esquecer a promessa feita no primeiro encontro.
— De certa forma — respondo —, mas não tenha pressa de decifrá-lo.
— Fale mais desse arquétipo, estou me identificando com ele — pede Hanna.
— A intenção do curioso é descobrir, desvendar, desbravar. É trazer para o presente um futuro possível, que Valentina chamou de oásis. O principal desafio é perseguir

uma visão, ou esse oásis, por tempo suficiente para vê-la concretizada.

— Gostei! — aplaude Hanna.

— Achei meio sonhadora — avalia Gael.

— É verdade, mas ela costuma substituir os devaneios por imagens reais, quando compartilha o seu sonho com outras pessoas.

— Se todo arquétipo tem o seu intruso, qual é o do curioso? — pergunta Hanna.

— A própria Valentina vai revelar e isso foi o que perguntei a ela.

"O que mais a ameaçava?"

"No início, o isolamento. Depois, a dúvida", respondeu, sem muito pensar. "Olhava para trás e notava que as pessoas com as quais eu me relacionava perdiam o interesse por mim ou estavam ocupadas demais com suas carreiras. Eu não fazia mais parte daquele meio. A cada dia tínhamos menos contato. Por outro lado, as que estavam ao meu redor censuravam a escolha e não apoiavam as minhas decisões. O que eu considerava possível, os mais otimistas ao meu redor achavam provável. Mesmo quando vislumbrei essa oportunidade."

A brisa fresca daquela manhã de outono — enquanto Amora brincava correndo atrás dos passarinhos — contrastava com as analogias feitas por Valentina.

"O deserto foi um mestre para mim. Descobri que a curiosidade é uma potência dentro de cada um de nós. O deserto me colocou em um caminho de busca."

— Às vezes, sinto esse deserto dentro de mim — comenta Hanna.

— Eu também — confessa Gael. — Mas acho que não sou tão curioso.

— Todos somos naturalmente curiosos — assevero. — Se duvidam, voltem à infância de vocês sempre repleta de porquês, descobertas e maravilhamentos.

— Mas alguns são mais atirados; outros, mais tímidos — insiste Gael.

— O importante é se abrir para o mundo, conversar com as pessoas, escutar com atenção, aproveitar ao máximo os relacionamentos para aprender e compreender. Assim, nós vamos pegando gosto pelas descobertas, movidos por interesse e curiosidade. E vamos nos desavergonhando naturalmente.

— Não sei se me arriscaria a enfrentar um deserto... — admite Gael.

— Vou reproduzir a história que Valentina me contou no final do nosso encontro, a partir do relato de sua avó.

— Aquela dos bolinhos de chuva? — pergunta Hanna.

— Essa mesmo! — escutem.

"Quando minha avó era adolescente, vivia com os pais em uma casa de madeira fincada no pé da serra, em meio à vegetação. Ninguém, nem mesmo os vizinhos, se arvorava a subir o monte próximo das habitações. Que eu saiba, nunca alguém havia se arriscado a escalar. De onde morava, conseguia avistar o cume coberto de vegetação e, movida pela curiosidade, ela desejou ver de perto o que existia lá. Mas, por uma razão ou outra, sempre acabava adiando a subida.

"O trajeto devia ser de uns quinze quilômetros e tomaria boa parte do seu dia. Seria então preciso sair ainda antes de o sol nascer para que a jornada não atrapalhasse seus afazeres habituais. Quando adolescente, minha avó ajudava a cuidar das plantações, criações e refeições. Então, para sair no tempo certo, ela teria de ter uma lamparina para andar no escuro.

"Finalmente assumindo o desejo, chegou o momento de tomar a iniciativa. Estava tão animada que mal conseguiu pregar o olho. Levantou-se às duas da manhã e começou a jornada. Deu-se conta, então, de que era noite de lua nova, de maneira que a escuridão era intensa. A lamparina que levara mal iluminava dez passos à frente. Minha avó contava que enxergando tão pouco era como enfrentar um grande e caudaloso rio com uma canoa bem rudimentar. Resolveu, então, sentar-se em uma pedra para aguardar o nascer do sol.

"Passou por ela um velho saído não se sabe de onde e que seguia em direção ao monte. Carregava uma lamparina ainda menor que a de minha avó, que puxou conversa com ele, mostrando o seu receio. O velho começou a rir e lhe disse: 'Se você consegue enxergar dez passos à frente, caminhe só até onde pode ver. Depois, conseguirá ver os próximos dez passos. Vá seguindo em frente. Isso basta para você chegar aonde quiser'. Antes do amanhecer, minha avó já se encontrava no ápice do monte."

— Entendi — diz Gael. — Fiquei pensando em quanto a gente adia as coisas. Minha mãe chama isso de procrastinação. Eu mesmo, hoje, não estava a fim de subir essa ribanceira.

— E de nada adianta ficar pensando "Ah, se eu tivesse uma lamparina melhor…". A lamparina é a metáfora para outras desculpas, tanto reais quanto imaginárias. A avó de Valentina aprendeu e nos ensina a dar o passo desbravador. Quando estaremos prontos?

## 12
## Onde mora o desejo

Todos possuímos mecanismos de defesa que nos ajudam a lidar com as ameaças e o que pode colocar nossa vida em risco. São geradores de adrenalina e noradrenalina, o que nos impulsiona a lutar ou fugir, a depender do tamanho do perigo, e nos manter a salvo. Fazem parte do instinto de sobrevivência.

Sabemos o que acontece com o nosso corpo após um susto. A descarga de cortisol induz a produção de adrenalina. Nós nos sentimos extenuados. Até aí faz parte do nosso sistema de proteção e preservação. Viver sistematicamente nesse modo defesa ou modo ataque afeta o sistema imunológico, tornando-o deficiente, aberto ao desânimo e à doença.

O modelo mental da escassez mantém acionados os modos de defesa e de ataque geradores da ansiedade crônica, a epidemia dos novos tempos. Substituí-los pelo modo curiosidade é uma salutar virada de chave.

Em vez de arredia, gente curiosa é dada a descobertas, sendo mais aberta a novas experiências e oportunidades. É também mais sociável, saudável e feliz. Curiosidade é o desejo de ver, saber, desvendar, alcançar, aprender, conhecer.

A palavra-chave é *desejo*, cujo ímpeto não necessita do impulso da adrenalina para se mobilizar. O desejo é essencial para a vida, sem ele não há propósito. A falta de desejo está associada à ilusão do ter. Se acreditamos que possuímos, cessa a busca.

O processo de tentar se fazer ser é o começo do desejo verdadeiro. O desejo é o motor da vida.

O terceiro arquétipo é também uma ponte para um novo mundo. O instinto vai dando lugar à intuição e as miragens de escassez são substituídas por imagens de abundância. Um dos grandes efeitos da curiosidade na vida e no trabalho é sair do autocentrismo — voltado para si — para o altercentrismo — voltado para o outro. Muda-se o centro de gravidade da existência, e com isso muda-se a qualidade da experiência.

É o balde que aumenta de tamanho para comportar ainda mais água e essa quantidade adicional jamais consegue preenchê-lo por completo. A cada despejamento, o balde cresce. A curiosidade não tem limites.

Imagine-se em uma tarde, visitando uma cidade histórica como turista. Ao retornar, dirá aos amigos que conhece o lugar. Uma tarde apenas, porém, não é garantia de conhecimento.

Imagine-se agora instalando-se nessa cidade por vários meses. Será possível perceber a alteração de cenário, enquanto mudam as estações, as descobertas sutis, os hábitos e costumes daquela população. Outros ângulos serão revelados.

Imagine-se agora se mover pela curiosidade, passar alguns anos estudando a história do local, buscando entender o seu povo, captando a sua cultura, conhecendo seus símbolos e você se espantará com o que ainda falta saber. Com o avanço das descobertas, alarga-se o desconhecido.

O curioso reconhece que o saber não finda e sempre será possível conhecer mais.

Sobre a nobreza: como pode alguém tornar-se melhor e viver à altura do seu potencial se não sabe "quem é" ou "o que almeja"? O conhecimento de si modifica o conhecido.

"Conhece-te a ti mesmo" é a frase inscrita no Templo de Apolo em Delfos, na Grécia, atribuída a Sócrates, embora lá estivesse antes do nascimento do filósofo. Conhecer-se é conhecer o seu arquétipo, as forças do *acolá*, ou seja, da essência, as quais influenciam as ações do *aqui*, ou seja, da existência.

"Uma vida não examinada não merece ser vivida", essa sim é mesmo de Sócrates. Para ele, o autoconhecimento era fundamental para alcançar a virtude e a sabedoria, e sem essa busca contínua, a vida perde o seu valor.

A minha intenção é que Gael e Hanna continuem examinando suas vidas, reconhecendo-se nos arquétipos. Com isso, aos poucos, vão decifrando o código de nobreza.

Eu começo a me ligar àqueles jovens.

## 13
## A pedra no sapato

— Depois da nossa caminhada de ontem, fiquei mais atento à harmonia do universo — declara Gael. — Ela está ao nosso redor, é só prestar atenção.

— O maior milagre é ver milagres — comento. — Se andamos a esmo, desatentos e inconscientes, como enxergar os milagres?

Estamos sentados na varanda da pousada. Hanna se aproxima e puxa uma cadeira, atenta ao que eu digo.

— Ainda sobre a harmonia do universo: sempre me encantei com o jeito de os pássaros voarem, todos juntos, fazendo a mesma coreografia. Quem os conduz? Quem mantém a sua frequência? De repente, mudam de direção e todos seguem a nova forma, sem perder a orientação. Nenhum desses pássaros pensa no que o da frente vai fazer. Eles sabem. Tudo acontece naturalmente. Não existe um líder dando ordens, mas um sincronismo reconhecido e aceito por todos.

— É encantador! — exclama Hanna.

— Acontece com pássaros, peixes, gente. Tem a ver com uma inteligência natural para além do que se vê na sutil coreografia. Aquela mesma do cachorro que pressente a chegada do seu dono, mesmo em momentos não habituais — acrescento, ao acariciar um dos cães da pousada que costuma juntar-se a nós quando estamos na varanda.

— Existem frequências dentro de frequências, como os ciclos da lua, dos oceanos, das marés — continuo. — Manifestam-se também no comportamento humano.

Hanna faz anotações e Gael doma o ímpeto de consultar as notificações do smartphone.

— Estamos fora da ordem quando vivemos uma incoerência, ou seja, existe um desalinhamento entre os próprios valores e aquilo que se pensa, sente ou faz — explico. — O alinhamento entre tais esferas — pensar/sentir/fazer e os valores pessoais — nos conduz à ordem natural.

— É muito fácil desalinhar-se — observa Gael.

— E daí pagamos o preço de não conseguir enxergar a realidade como ela é — acrescento. — Embaçamos as lentes através das quais enxergamos o mundo e os outros. Como resultado, criamos uma realidade paralela habitada por ameaças fantasiosas.

— São as miragens — sugere Hanna.

— Isso mesmo! — assinto. — Se não somos confiáveis, desconfiamos também dos outros. Se não somos leais, achamos que os outros são desleais.

— Que fria! — exclama Gael.

— Cara ou coroa? — pergunto, de súbito.

— Ah! Aquela do anjo da guarda! — lembra Gael. — Se der cara, você será uma pessoa virtuosa, de bons valores, mas considerada inescrupulosa; se der coroa, você será uma pessoa inescrupulosa, mas será vista como virtuosa, de bons valores.

— Muito bem, Gael! Brilhante memória! — enalteço.
— Do latim, *scrupus* significa rochedo e tem como diminutivo *scrupulus,* que quer dizer pedra pontiaguda e é a origem da palavra escrúpulo. Seguindo a sua origem, escrúpulo é como uma pedra no sapato sobre o caráter correto ou incorreto de algo que se faz ou se pretende fazer. É um indicador moral quanto a decisões e comportamentos que podem ser considerados escrupulosos ou inescrupulosos.

— Alguma relação com o código de nobreza? — pergunta o insistente Gael.

— Gael, você está demais hoje! — elogio. — Sim, tudo a ver. A pedra no sapato serve como um alerta sobre os desdobramentos das nossas ações. Se a escolha for inescrupulosa, a dor vai ressurgir ainda mais acentuada. E se ela não for tão evidente no nível do *aqui,* aparecerá sorrateiramente no *acolá.* E lá permanecerá, importunando não mais o pé, mas a consciência.

— Os valores é que dão a pista — empolga-se Gael.

— A pergunta que eu havia lançado no início era: quem é você? Agora, é preciso repará-la. Vou estendê-la. Ela trata do primeiro teste, a nobreza de caráter:

*Quem é você quando ninguém está olhando?*

Eles me olham, espantados com a pergunta-teste.

— O código de nobreza funciona como uma bússola moral — concluo. — Quando desalinhada, a pessoa não se sente bem. Não vive seus valores e sua verdade. Não age com coerência, mas como se participasse de uma peça de teatro, em que interpreta vários papéis. Distancia-se de si e, assim, de seu potencial, de seu amor-próprio, de sua automotivação e até de sua saúde. Ou seja, quem age assim não tem a menor condição de viver a sua nobreza, pelo simples fato de que é alguém esfacelado, com baixa autoestima e sem motivação. Incapaz, portanto, de oferecer o melhor de si.

Faço questão de lembrar:

— Mas essa é apenas uma das suas finalidades.

Enquanto Hanna faz anotações, Gael rende-se ao smartphone. Força do hábito. Nem examina as notificações, constato satisfeito. Prefere pensar a respeito de até onde o código de nobreza o levaria.

## 14
**Voar mais alto**

No dia seguinte, vejo Hanna e Gael conversando animadamente na varanda. E noto um detalhe significativo: ele não está com o smartphone em mãos. Talvez esteja no bolso da calça jeans, mas considero a atitude um avanço.

Hanna, como sempre, traz na bolsa um livro e um bloco de notas. Está se mostrando uma boa aprendiz, ao atentar para o que ouve e fazer suas anotações.

— Bom dia! Dessa vez, a nossa prosa vai ser na oficina.

Entusiasmados, se aproximam de mim, querendo saber qual será o próximo arquétipo.

— E não se esqueça do código de nobreza... — cobra Gael, na pressa de desvendá-lo por completo.

Na verdade, a oficina é um velho celeiro em que há foices, machados, facões, enxadas, pás, picaretas, sachos, rastelos, serrotes de mão, tesouras de poda, garfões, carrinho de mão, cabresto, selas e tantos outros badulaques. Boa parte deles está em desuso.

— Que massa! — entusiasma-se Gael, ao olhar para todas as ferramentas.

— Aqui tem milênios de história, desde as eras do bronze, do ferro e do aço... — informo.

— Interessante observar o design já existente nessas eras — comenta Hanna, com o olhar da modernidade.

— Essas ferramentas rústicas são testemunhos da engenhosidade humana... — observo. — Hanna, note como elas até hoje mantêm a eficácia, a simplicidade e também os designs básicos.

Nesse ambiente representativo da inteligência humana, apresento a eles o dr. Jalil.

— Um doutor! — comemora Gael. — Top!

— Hoje ele é um prestigiado professor, pesquisador e pensador. Mas não foi sempre assim. O que mais me chama a atenção na trajetória do dr. Jalil dos Santos Rodrigues é a sua capacidade de superação diante das adversidades que teve de enfrentar.

Morador da periferia de Brasília, ele trabalhou como menor aprendiz no Banco do Brasil. Isso o animou a seguir em frente e almejar a universidade, um sonho considerado impossível para a população afrodescendente naquela época.

— Oba! Essa história tem a ver comigo! — acomoda-se Hanna, curiosa.

— Alcançar o estudo superior foi um tipo de presente que o acadêmico quis dar aos pais, pois sem estudos tiveram de se limitar a empregos mal remunerados. Decidiu mudar o curso da história de sua família, cujos anais vinham da escravidão. Tanto fez e se empenhou que conseguiu ingressar na UnB, a renomada universidade pública de Brasília, onde cursou direito, filosofia e história.

Hoje é um disputado professor tanto em universidades brasileiras como nas do exterior, onde ministrou aulas nas universidades de Columbia, nos Estados Unidos, e de Toronto, no Canadá.

Meu encontro com ele foi no campus da Faculdade de Direito da USP, no Largo São Francisco, no centro da capital paulista, onde faria uma palestra ainda naquela noite.

"Dr. Jalil, antes de mais nada gostaria de agradecer a sua disponibilidade."

"Antes de mais nada, vamos deixar o doutor de fora", ele disse sorrindo, enquanto cortesmente me convidou a sentar a uma mesa grande e escura, na sala dos professores.

"Está bem, Jalil...", respondi, um pouco constrangido, diante de uma figura tão proeminente da academia. De terno azul-marinho, óculos de armação larga, tons grisalhos nos cabelos, Jalil é um preto vistoso. Seus gestos o tornam ainda mais elegante.

Ao lado da mesa, havia uma estante repleta de livros. A sala cheirava a conhecimento. Fiquei imaginando quantos brasileiros ilustres talvez a tivessem usado, como Antonio Candido, Lygia Fagundes Telles, Di Cavalcanti, além de quinze presidentes da República, apenas para citar alguns.

— Eu adoraria conhecer esse lugar... — murmura Hanna.

— Logo perguntei a ele:
"Você gosta desse ambiente, não é?"

"Quando menor aprendiz, um dia deparei-me com a biblioteca do banco em que trabalhava. Fiquei fascinado com tantos livros. Puxei um da estante e comecei a ler vagarosamente. Não tinha desenvolvido uma leitura fluida até então. Lia silabicamente, mas com muito interesse pelo texto, que mal compreendia. Perdi a hora e levei uma grande bronca do meu chefe. A partir daquele instante continuei a valorizar o conhecimento, mas também a honrar compromissos e desenvolver a disciplina."

"Belas virtudes!", elogiei, sorrindo.

"Desenvolvi, mais tarde, o hábito diário da leitura antes de seguir para o trabalho, algo que mantenho até hoje. Completava o mergulho no conteúdo a seguir no ônibus, que me levava da cidade-satélite em que morava até a capital federal. As dificuldades eram muitas, mas eu não abria mão desse costume."

— Estou me vendo... — admite, com alegria, Hanna.

— Vamos continuar o relato. Perguntei a ele:

"Mas o que o fez buscar esse caminho?"

"A verdade. Sempre acreditei que a verdade liberta e que é revelada por meio da ciência e dos conhecimentos que produz. E só havia um meio para acessá-la: os estudos."

"O que você pensa quando pensa em aprender?"

"A palavra *conhecimento* é de muito fácil compreensão. Representa o antídoto contra a ignorância. É assim comigo, imagino que também com você. Ou seja, se eu desconheço determinado assunto, saio em busca de informações que diminuam o espaço da ignorância e ampliem o espaço do conhecimento sobre o tema. Ao empenhar-me, consigo o que procuro. A não ser que sejamos completamente experts no assunto, a ignorância sempre terá o seu lugar, subtraída todas as vezes em que ampliamos o conhecimento."

Meu entrevistado explicava, de maneira lógica, a sua maneira de pensar e era didático ao apresentar as suas ideias.

"A ignorância é mesmo um problema", comentei.

"É a raiz de todos os males", acrescentou, enfático. "Por isso a verdade é a grande busca."

"E como se dá essa busca?"

"Segue estágios", disse sem hesitar. "Ignorância é quando a pessoa *nem sabe que não sabe*. Nesse caso, não existe busca. Algo precisa acontecer para que ela saia do breu. Essa é uma das maiores dificuldades que eu via em minha comunidade. Se der sorte de acontecer, a pessoa toma consciência da sua ignorância ao descobrir que *sabe que não sabe*. É quando ela evolui para outro estágio: o da confusão."

"Confusão? Isso é mesmo uma evolução?"

"Sim, pois quem está confuso busca orientar-se. O movimento requer interesse, curiosidade, pesquisa e estudo. As informações são as matérias-primas do conhecimento. Uma vez compreendidas, passam a compor um repertório. O próximo estágio é o do conhecimento, quando ela reconhece que *sabe que sabe*."

"Mas noto que as pessoas têm pressa e pouco tempo para se dedicar à pesquisa e aos estudos. Não são todos que conseguem ter acesso a eles, pois existe a luta diária pela sobrevivência."

"Tem razão. É um grande desafio", acrescentou, empático. "Por sorte, com o apoio da tecnologia, contamos com poderosas ferramentas de pesquisa para nos ajudar com informações disponíveis todo tempo", ponderou. "A pressa a que você se refere nos leva a outro inimigo comum aliado à ignorância: a superficialidade."

"Aí a coisa pega. Parece que a superficialidade está amplamente propagada na sociedade", acentuei.

"Mas não podemos esquecer que portamos um equipamento superpoderoso."

"O smartphone?", perguntei em tom jocoso, provocando sutilmente tanto meu interlocutor como, agora, o jovem ao meu lado.

— Eu iria responder do mesmo jeito! — Gael brinca.

"O cérebro", o professor respondeu, sorrindo da minha ironia. "Esse equipamento que portamos na cabeça representa apenas 2% de todo o corpo humano, mas possui uma capacidade de armazenamento incalculável."

"Além do aprendizado, do raciocínio lógico e das atividades intelectuais", acrescentei, corroborando.

"É uma biblioteca interna de informação e conhecimento; combina a razão e a lógica. É ela que, diante dos problemas, nos ajuda a criar alternativas para que possamos escolher a mais promissora."

"Viva o cérebro!", exaltei.

"Agora observe: do ponto de vista energético, o cérebro é o órgão do corpo humano que mais consome energia: 87% no recém-nascido, 44% aos cinco anos, 34% aos dez, 23% nos homens e 27% nas mulheres adultas."

— Poxa, esse doutor Jalil sabe das coisas! — comenta Gael, admirado.

"Agora considere: vim de uma comunidade que não tinha sistema de esgoto, à semelhança de outras 38 milhões de residências espalhadas pelo país. Uma criança infectada precisa investir energia para ativar o sistema imunológico. A energia que iria para o cérebro é desviada para combater o hospedeiro. Existe, portanto, uma relação direta entre diarreias e inteligências."

"É reduzida a possibilidade de essas crianças se tornarem capazes de ingressar em universidades no futuro", concluí. "E você conseguiu!"

"Por isso tenho de honrar a sorte. Essa é uma das minhas bandeiras e a razão da minha palestra hoje à noite: cumprir o que está comprovado pela ciência."

— Demais esse doutor Jalil! — exalta Hanna, enfática.

— Para ele, tudo começava gerando cérebros viáveis para depois exercitá-los por meio da educação. Declarava, em seus livros e ensaios, o desejo de igualdade de oportunidades e riquezas para todos. Suas ideias e trajetória giravam ao redor dessas pretensões, sem as quais o Brasil não conseguiria evoluir em produtividade e se transformar em uma grande potência mundial.

Gael e Hanna aguardam a pergunta fatídica.

— Qual é a nobreza de Jalil?

— A verdade — responde Hanna, sem muito pensar.
— Mas você não nos disse qual é o arquétipo que estamos tratando.
— O *perito*... — respondo —, aquele que busca a verdade. Você acertou.
— O conhecimento é também um valor para o perito — acrescenta Gael.
— Sem dúvida. O aprendizado é o meio para ele chegar ao conhecimento e o conhecimento é o meio para ele chegar à verdade — assevero.
— O perito é sempre um tipo assim acadêmico, como o dr. Jalil? — indaga Hanna.
— Não necessariamente. Pode ser um autodidata — afirmo. — O arquétipo do perito é muito criterioso quanto a admitir a verdade. Analisa todas as alternativas antes de fazer as escolhas, recorre mais à razão do que à emoção, faz uso de técnicas e métodos para acessar o conhecimento. Gosta da pesquisa e valoriza a ciência.
— Deve ter também o seu intruso... — Gael instiga.
— Sim, o engano — digo. — Tende a se encasquetar com as suas teorias e tem dificuldade de admitir que podem estar equivocadas. Nem sempre discerne entre a razão e a verdade.
— Tipo teimosão, é isso? — alude Gael.
— Parece que o intelecto ganha força nesse arquétipo — raciocina Hanna.
— Tanto é que fiz uma provocação ao doutor Jalil — eu lembro.
— Você foi capaz? — retruca Hanna, mostrando-se respeitosa com o eminente professor.
Sorrimos.
"Afinal, aquela biblioteca de informação e conhecimento

está mais voltada para o passado do que para o presente e o futuro. Estou certo? Sempre é a razão que resolve os problemas? Onde a intuição entra nessa história?"

"Essa pergunta me faz lembrar daquele aviador que sentiu um arrepio na espinha quando percebeu um ruído muito característico do motor da sua pequena aeronave, em pleno voo. 'Só poderia ser um rato', pensou. O que fazer? Sozinho, não podia pilotar o aparelho e combater o roedor ao mesmo tempo, embora esse clandestino pudesse provocar um acidente. A mensagem veio instantaneamente ao cérebro: ratos não sobrevivem à altitude."

"Intuição!", exclamei, tentando comprovar algo além da razão.

"Será?", colocou em dúvida o ilustre professor. "Deve ter lido em uma revista ou assistido a algum documentário. Não importa. A informação estava lá e surgiu na hora certa. Tudo o que ele fez foi ganhar altitude, até que o barulho estranho cessasse. O conhecimento garantiu, naquele momento, a sua vida."

Estava ainda processando o que acabava de dizer, quando ele arrematou:

"Esse pequeno exemplo tem uma moral: para evitar os apuros da ignorância, voe mais alto!", disse rindo, fazendo alusão ao poder do conhecimento e da verdade.

## 15
## Óculos emprestados

Recolho-me ao meu aposento, depois daquela conversa instigante. Acho que nem *Homeostasis*, a árvore-amiga, compreende a minha aflição em ver os dias passando e um livro para escrever. O problema é que eu não consigo me desligar dos dois jovens e da nossa jornada arquetípica rumo à nobreza.

Fico pensando no que vivenciamos em outro encontro e que tem a ver com o último. Se a curiosidade é um balde que aumenta de tamanho quando preenchido demais, abrindo espaço para mais águas, assim também é a aprendizagem. Quando estaremos repletos?

Somos seres inacabados e, portanto, eternos aprendizes. Assim deveria ser, mas nem todos vivem essa vocação. O aprendizado tem os seus mistérios e entraves.

Quem conhece, reconhece. Isso é bom e ruim. Bom, porque por um lado descomplica. Não precisamos começar do zero. Diante de cada realidade, temos um repertório que nos ajuda a ir além a partir do que já conhecemos, tornando a vida mais simples e viável. Por outro lado, a tendência é enquadrar e encaixar em nosso repertório já cristalizado tudo o que aparece pela frente. É como se já tivéssemos uma história definida, aberta apenas ao que já existe nela, mas rejeita-se o que, supostamente, dela não faça parte.

O julgamento é sempre contrário à aprendizagem. Buscamos aquilo que reforça os nossos paradigmas e rechaçamos o que a eles se opõe.

Boa parte das informações que usamos para criar

percepções do mundo já está dentro do cérebro, razão pela qual nos repetimos a maior parte do tempo.

O fato é que vivemos um imenso jogo de ilusão de ótica. Nossas visões são sempre parciais. Não existe aprendizado e ajuste de olhar sem interação com os outros, ou seja, sem a criação de espaços de relacionamento e compartilhamento nos quais as pessoas possam trocar e ampliar suas percepções. Em mútua e benéfica simbiose. Pedir os "óculos" dos outros emprestados é questão de inteligência e humildade.

Assim deveria ser, mas nem sempre é. Poucos acreditam que os óculos dos outros sejam melhores do que os seus ou preferem selecionar os óculos que tomam emprestados. Em geral, são aqueles que representam as mesmas crenças, ideias e pensamentos. Reforçamos o que já sabemos, e assim impedimos a entrada de algo novo, capaz de expandir nossos horizontes.

A mudança da realidade é contínua, mas a mudança de percepção, repentina. Um dia você coloca em xeque as suas crenças, abre uma janela de oportunidades em meio às certezas, deixa a luz entrar clareando o breu da ignorância. De repente, não mais que de repente, o que estava velado se revela. O milagre acontece.

Aqui vale uma distinção. Aprendizado é quando um conhecimento ocupa o vazio da ignorância. Faz parte da esfera da cognição. Aprendizagem é quando a vida ganha um sentido, promovendo o despertar e a transcendência. A nossa evolução humana depende das duas esferas, em constante e saudável interação. Fazem parte da nobreza humana.

Proponho aos jovens um retorno ao celeiro, onde fica a oficina com suas ferramentas. Há uma razão para isso.

## 16
## A musa inspiradora

— Qual vai ser o arquétipo de hoje? — pergunta Hanna, interessada.

As idas e vindas de Hanna com Alice, a sua mãe, as alegravam, pois elas conversavam nos traslados. Eram interessantes para toda a família, quando o assunto se estendia também em casa, compartilhado com seus irmãos mais velhos.

A lei dos três graus de influência estava em pleno vigor. Tudo o que fazemos ou dizemos tende a reverberar por nossa rede, exercendo um impacto sobre os nossos amigos (primeiro grau), os amigos dos nossos amigos (segundo grau) e os amigos dos amigos de nossos amigos, os quais sequer conhecemos (terceiro grau).

Claro que a lei vale também para as coisas negativas (fake news, drogas, suicídios), mais uma razão para preencher a rede de relacionamentos com movimentos virtuosos. Estamos em busca da nobreza humana, não de sua miséria. Significa que cada pessoa enobrecida aumenta a probabilidade de outra pessoa também se enobrecer.

— Temos dois convidados especiais para essa manhã, aviso: Eloísa e Hiran.

— Já sabemos... — frisa Hanna —, esses não são os seus verdadeiros nomes.

Rimos de sua concisão.

— É interessante como eles se conheceram. Eloísa era uma jovem de 25 anos que vivia em uma pequena cidade do litoral. Seus pais, donos de uma livraria local, sempre incentivaram sua criatividade, mostrando a ela materiais artísticos e livros sobre diferentes tipos de arte. Com isso, Eloísa foi desenvolvendo um olhar para a beleza.

Hiran, um jovem brilhante, se sentia fascinado pelo mundo ao seu redor. Desde pequeno, ele desmontava brinquedos e eletrodomésticos para entender como funcionavam. Seus pais, inicialmente preocupados, logo perceberam que a mente do filho era muito inventiva e criativa.

Ambos se conheceram durante as férias de verão, na pequena cidade litorânea. Entrelaçaram suas ideias, imaginações e inventividades para criar, mais tarde, um jardim artístico onde cada elemento — árvores ou arbustos, flores, pedras ou rochedos, bem como os pequenos animais — pudesse inspirar a expressão da criatividade.

A ideia era que os próprios ingressantes exercitassem dons artísticos, criando as suas próprias obras de arte. Alguns a partir de esboços de flores e plantas imaginárias, combinando cores e formas nunca vistas, outros esculpindo pedras com materiais reciclados, argila e tintas ecológicas para dar vida às suas criações.

Mais tarde, músicos e contadores de histórias passaram a compor o Jardim dos Sonhos, também conhecido como a Terra das Ideias, idealizado pelos dois jovens.

A fama do lugar se espalhou, tornando-se a principal atração na cidade. Pessoas de todos os lugares visitavam o Jardim dos Sonhos, maravilhadas com a criatividade e a dedicação de Eloísa e Hiran. Crianças adoravam ouvir as histórias por trás de cada obra e inventar suas próprias epopeias. O lugar havia se transformado em uma escola de arte, onde seus criadores ensinavam crianças e adultos não apenas a explorar sua criatividade, mas também a valorizar a natureza.

Eloísa e Hiran eram convidados com frequência para expor obras em galerias e proferir palestras em eventos de arte sustentável.

Tudo isso vim a saber nas nossas conversas e em pesquisas que havia feito antes de conhecê-los pessoalmente. A minha curiosidade, no entanto, estava no processo a partir do qual Eloísa e Hiran empreenderam o Jardim dos Sonhos, a Terra das Ideias. O nosso encontro se deu no próprio local, agradável em sua atmosfera e beleza.

Hanna e Gael escutam, interessados. Sabem qual é a pergunta que farei a eles ao final, por isso estão atentos.

"Eloisa e Hiran, fiquei mesmo admirado com o que se transformou o projeto de vocês", comentei, apreciando o que via ao redor. "Qual foi a motivação inicial?"

"Um incidente que aconteceu na minha adolescência em uma aula sobre arte", contou Eloisa. "Certa vez, a professora sugeriu a nós, seus alunos, que erguesse a mão quem se achava criativo. Sabe o que aconteceu? Menos da metade respondeu positivamente. Quando interpelou os que não levantaram a mão, alguns diziam: 'eu não sou criativo' ou 'sou muito racional', 'sou preto no branco' e 'não gosto de quem viaja na maionese'."

— Estou um pouco por aí... — interrompe Gael. — Isso de viajar na maionese não leva a nenhum lugar.

Retomo o relato.

"Existe uma baixa crença na criatividade", continuou Eloísa. "Para alguns, é como se fosse algo semelhante aos acidentes: só acontecem com os outros."

"É difícil ser criativo quando não se acredita na possibilidade", acrescentou Hiran. "Para nós, eu e Eloísa, a criatividade faz parte da natureza humana."

"A diferença é que os que se consideram não criativos desconhecem que, sim, são criativos", disse Eloísa. "Eu sonhava com um lugar em que todos pudessem descobrir o quanto são criativos e fossem capazes de exercer seus talentos. Tanto poderia ser uma experiência individual como coletiva, ou seja, em família, grupo de jovens, equipes de empresas. Foi assim que nasceu o Jardim dos Sonhos, que Hiran estendeu para a Terra das Ideias."

"Como é o processo criativo de vocês?", perguntei.

"É deixar fluir para enxergar o que pode vir a ser e depois dar vida às ideias", esclareceu Hiran. "Nada me entusiasma mais do que ver ideias se transformando em realidade."

"É também revelar o que está velado", acrescentou Eloísa. "Para isso, é preciso ter olhos de ver. Tem um tanto de poesia nisso."

"Isso de poesia me lembrou um verso da Adélia Prado", corroborei. "De vez em quando Deus me tira a poesia. Olho pedras, vejo pedra mesmo."

"Assim são também as ideias", acrescentou Hiran. "Elas são fugidias e não aceitam desaforo. Se você não der valor à ideia, ela vai-se embora."

"Muitas vezes não damos o tempo de que ela precisa para que tome forma", disse Eloísa.

"Hoje vocês têm um amplo patrimônio", constatei, passando os olhos ao redor. "Fora o que devem lucrar com as visitações, exposições e palestras. Esperavam por isso?"

"Nunca nos passou pela cabeça chegar até aqui", respondeu Hiran. "Imaginávamos e realizávamos. Os lucros vieram junto com a apreciação do nosso público."

"O que mais nos realiza", completou Eloísa, "é saber que muita gente que passou por aqui conseguiu viabilizar seus projetos, impulsionar suas carreiras e incrementar seus negócios."

A nossa conversa prosseguiu quando, para a minha surpresa, Eloísa pegou uma folha de papel para que desenhássemos. Timidamente, comecei a rabiscar uns traços, Hiran complementou com outras garatujas. Eloísa foi ilustrando com cores. No final, acabamos compondo uma árvore muito bonita que passei a usar como símbolo do código de nobreza.

— Queremos ver essa árvore! — pedem Gael e Hanna quase ao mesmo tempo.

— Mostrarei para vocês oportunamente — avisei. — Antes, gostaria que respondessem à pergunta que já conhecem: qual é a nobreza de Eloísa e Hiran?

— Está na cara: a beleza! — responde Gael.

— A excelência — aposta Hanna.

— Vocês estão certos! — concordo. — E o arquétipo é o *artista*.

Hanna faz anotações em seu bloco.

— Agora, olhem ao redor. A era agrícola foi feita com as mãos que forjaram essas ferramentas: pás, rastelos, foices e tudo o que estão vendo. Podemos também chamá-la de era do artesão. Depois veio a fase em que mãos e máquinas se juntaram. Podemos denominá-la de era industrial ou da habilidade. Aí surgiram os computadores. Chegava a era informacional. Agora, estamos em uma nova economia, cujas forças motrizes são a criatividade e a inovação.

— Poxa! Não imaginava que nesta oficina estivesse uma boa parte da história da humanidade! — comenta, admirado, Gael.

— Notem que a criatividade e a tecnologia sempre estiveram presentes, mesmo em outras eras. É só notar o design das peças, como Hanna já havia observado. A tentativa de mecanizar tudo não deixou de fora a mente humana, que também foi mecanizada e talvez esse tenha sido o efeito mais nocivo da velha economia.

— Temos, então, de voltar às origens, aos tempos do artesão? — indaga Hanna, perspicaz.

— Sim, de certa forma — comento. — Estamos retornando ao artesão, mas um artesão cibernético. Antes, precisamos apagar a crença de que só os artistas são criativos. Todos nós temos o dom de transformar, portanto, somos naturalmente dotados do dom da criatividade.

— Está aí o exemplo de Eloísa e Hiran — acrescenta Hanna.

— Mas tem um detalhe... — assinalo. — Isso não vai acontecer sem mais nem menos. Se vocês querem mesmo que a sua criatividade saia da gaiola e crie asas, vão precisar da ajuda da musa inspiradora. Ela, porém, tem os seus caprichos. Gosta de desafios e só vai dar as caras quando for atraída pelos desejos de vocês. Segue um spoiler: o código de nobreza vai ajudá-los nisso.

— Mas nem sabemos ainda o que é o tal código de nobreza... — Gael resmunga.

— Importante saber, por ora, que ele ajuda a aquietar os zumbidos de fora para que os ouvidos captem as ideias e a imaginação possa fluir livremente.

— E qual é o intruso do artista? — lembra a sempre atenta Hanna.

— A inadequação era um sentimento comum de Eloísa e Hiran quando apresentavam suas ideias. Algumas pessoas os consideravam esquisitos.

— Compreensível... — sugere Hanna.

— Mas existe também uma outra ameaça à criatividade

do artista. A comparação da sua arte com a de outros artistas ou a busca por reconhecimento. Nessa hora, a musa se esvai. Caso ele se julgue superior, pode ser ainda pior: a presunção coloca tudo por água abaixo.

— Por falar em água — deduz Gael —, temos também aqui um balde que aumenta de tamanho quando preenchido. Estou certo?

— Certíssimo! — arremato, encerrando o nosso dia.

## 17
## Olhar de alumbramento

A famosa frase "a beleza salvará o mundo", do escritor russo Dostoiévski,[3] tem muito a nos dizer. Por certo, não se trata da beleza aparente, cosmética, que se tem, mas não se é. O autor se refere àquela beleza da essência, em que reside a nossa nobreza.

O que é belo agrada e alegra. Aguça o sexto sentido. Difícil ficar imóvel diante da beleza. Ela nos mobiliza, põe a alma em movimento. Não há como olhar a beleza como meros espectadores. Ela nos atrai para dentro de si e nos abre interiormente, tornando-nos receptivos para algo mais profundo em nós, para aquilo que perfaz nossa verdadeira essência.

"Ad-mirar" é mirar com admiração. Quando admiramos a beleza, nos colocamos em contato com a nossa beleza interior, aquela escondidinha em nossa alma, muitas vezes acabrunhada, por conta dos problemas diários, alguns sem nada de belos. Quando admiramos o belo e deixamos que ele se apodere de nós, é a nossa própria beleza que ascende.

A arte nos ajuda a ver a beleza no entorno. É como um refúgio para os nossos dias agitados, nos quais a beleza se perde. Ela compõe e nos ajuda a retornar à ordem natural para que não sejamos traídos por segundas intenções que nos afastam da intenção primordial. É nesse sentido que a beleza nos salvará.

A beleza exige atenção. É exigente. Gosta de ser reverenciada. Qualquer olhar automático e ligeiro não vai captá-la. A de fora que evoca a de dentro precisa ser reverenciada. Sem reverência, não se apresenta. Existe uma beleza no fundo da alma que vem lá da essência a ser recuperada.

Maravilhar-se é o principal exercício para que consigamos desvelar a beleza ao nosso redor. Se a coisa observada é vista como mero objeto, descartável e irrelevante, a beleza não se apresenta. O belo é o contrário do útil e, como disse o também escritor Victor Hugo, o belo é mais útil do que o útil. A funcionalidade nos deixa na superfície, é o belo que nos oferece sentido.

> "*Teu olho ilumina o corpo. Se teu olho for bom e belo, todo o teu corpo também ficará iluminado. Mas se o teu olho for mau e feio, teu corpo também ficará na escuridão. Cuida para que não haja dentro de ti escuridão em vez de luz. Se todo o teu corpo estiver cheio de luz e nada escuro houver nele, ele estará tão iluminado como quando a lâmpada te ilumina com seu brilho.*" (Lc 11, 34-36)

O olhar de alumbramento é aquele mesmo que dizia, depois de contemplar a própria criação, "tudo é muito belo!". Deus se esconde no belo. A beleza é algo espiritual. É preciso ter espírito e sensibilidade para o fato de Deus falar a nós por meio das coisas exteriores. Coisas de alta nobreza.

## 18
## O fermento

— Oi, miga... — cumprimenta Gael saudando Hanna, que acaba de chegar.

— Oi, migo... — ela retribui.

— Pedi permissão ao dono da pousada para que a gente possa entrar na cozinha — eu informo. — Vamos precisar de uma indumentária apropriada: calçados, avental e touca. Sem adornos e com as mãos limpas.

Já com as vestes brancas, adentramos a cozinha rodeados de panelas de barro e de ferro, frigideiras, colheres de pau e de alumínio, garfos, facas, facões, tábuas de madeira, balanças e grelhas. Fogão a lenha de um lado, a gás, de outro.

— Epa! — exclama Gael. — Não me diga que vamos fazer os bolinhos de chuva da Valentina!

— Dona Celeste vai nos ensinar a fazer pão integral — esclareço, cumprimentando a dona da cozinha.

— Bom dia a todos! — ela sorri, com simpatia e alegre por nos receber nessa manhã. — Olhem, os ingredientes estão aqui: farinha integral, linhaça, gergelim, semente de girassol, sal, óleo e açúcar. Ah! Não podemos esquecer do fermento.

— Poxa! Quantos ingredientes para fazer um pão! — Gael se surpreende.

— Mãos à obra! — sugere, animada, dona Celeste. — Alguém junte os ingredientes nesta tigela, por favor.

— Deixe comigo! — se dispõe Hanna, logo ajudada por Gael.

Enquanto dona Celeste os orienta sobre as medidas, Hanna acrescenta o que vai na tigela: duas colheres de fermento, de linhaça, de gergelim e de semente de girassol.

Conduzido pela cozinheira, Gael acrescenta meia colher de sal, além de meia xícara de óleo e de açúcar. No final, eu junto à mistura meio litro de água morna.

— Mexa com uma colher... — indica Dona Celeste. — Quem vai pesar a farinha? Vamos precisar de um quilo.

— Eu! — elege-se, de pronto, Gael, que despeja a farinha em um recipiente sobre a balança.

— Agora mexa a massa, tratando de incorporar bem os ingredientes. Hanna vai sovando, à medida que você, Gael, despeja a farinha aos poucos — orienta dona Celeste, dirigindo-se aos jovens. — Façam isso até que farinha desgrude da mão. Em seguida, colocamos tudo na forma e deixamos crescer. Vai levar uns quarenta minutos.

— Enquanto isso, podemos conversar sobre o sexto arquétipo — eu sugiro.

— Oba! — comemora Gael, enquanto lava as mãos. — Estamos nos aproximando do código de nobreza, aposto!

— Estamos, sim! — admito e nos acomodamos ao redor do fogão a lenha. — Mas não escolhi esse lugar à toa. Dona Celeste me lembra dona Ester, a nossa próxima personagem.

E começo o relato.

— No vilarejo em que vivia, dona Ester tinha uma pequena empresa, que todos conheciam como "Delícias da Vovó", onde fazia pães, doces e salgados bem caseiros. Apesar de seus recursos limitados, ela sempre dava um jeito de apoiar a comunidade e também os alunos da única escola existente.

"Um exemplo da sua generosidade — quem me contou foi uma moradora do vilarejo — foi a chegada de uma família ao lugar. O pai, o sr. Antônio, estava doente e desempregado, lutando para colocar comida na mesa para os três filhos. Dona Ester não teve dúvidas. Começou a organizar, na comunidade, a coleta de roupas e de alimentos, além dos que ela mesma oferecia. Sua iniciativa ganhou força e logo todo o pessoal se envolveu. As pessoas doavam o que podiam: sacos de arroz e de feijão, roupas usadas, cobertores e até brinquedos.

"Dona Ester também visitava a família todos os dias, levando as sopas e os pães que ela mesma fazia. A professora da escola começou a ensinar as crianças que haviam perdido muitas aulas devido à mudança e aos problemas familiares. Com paciência e dedicação, ajudou os pequenos a se recuperarem do atraso nos estudos.

"Com o tempo, o sr. Antônio melhorou e foi recuperando a saúde. Conseguiu emprego em uma indústria situada à beira da rodovia que leva à cidade mais próxima. Sua esposa, com incentivo e apoio de dona Ester, decidiu abrir uma pequena loja de costura, aproveitando seu talento com agulhas e linhas. A família, que antes enfrentava tantas dificuldades, começou a se reerguer."

— Essa dona Ester é daora! — elogia Gael.

— Isso porque vocês ainda não conheceram o sr. Artur — digo.

— Sr. Artur? Quem é esse? — Hanna quer saber.

— O dono da indústria onde o sr. Antônio foi trabalhar — informo. — O sr. Artur sempre acreditou que os negócios deveriam ir além do lucro e contribuir para o bem-estar da comunidade. Em uma conversa informal com o sr. Antônio no refeitório da empresa, ele soube da generosidade de dona Ester e da ajuda que ela havia prestado à família que chegara em absoluta pobreza. Foi até o vilarejo conhecer de perto dona Ester e a sua empresa.

— Que massa! — exclama Gael.

— Foi um encontro de boas almas — retomo. — Ele se deu conta também de que alguns de seus funcionários eram moradores do vilarejo. Resolveu, então, contribuir. Abriu, entre seus colaboradores, o projeto "Juntos", que consistia em oferecer apoio mútuo. A empresa de dona Ester fornecia seus produtos e orientava a cozinha da indústria do sr. Artur. O empresário, com a ajuda da sua equipe, ajudou a desenvolver um site e uma plataforma de pedidos on-line para a loja "Delícias da Vovó", para que dona Ester conquistasse novos clientes, sem depender apenas dos moradores do vilarejo.

"Além disso, o sr. Artur decidiu promover os produtos de Dona Ester entre os funcionários da sua indústria e em suas redes sociais. Sua equipe de marketing produziu vídeos e posts destacando a qualidade dos produtos caseiros e a história inspiradora de Dona Ester.

"A divulgação foi um sucesso. "Delícias da Vovó" passou a receber pedidos de várias partes da cidade, inclusive de outras empresas da região. O aumento de vendas fez com que Dona Ester contratasse mais colaboradores, gerando emprego em seu lugar de origem."

— Acabou? — pergunta Gael.

— Essa história não acaba — eu respondo. — Outras grandes empresas na cidade, inspiradas pela iniciativa do sr. Artur, começaram a adotar o projeto "Juntos", formando uma rede de apoio entre grandes e pequenos negócios.

— Isso é que é abundância! — exulta Hanna.

— Quando estive com dona Ester, a sua "Delícias da Vovó" estava florescendo e sabem o que ela me disse?

"Foi a generosidade do sr. Artur e de sua equipe que fez meu negócio crescer. Eles me deram não só ferramentas, mas também me ensinaram a administrar minha empresa. Devo muito a eles."

— E o sr. Artur, sabem o que ele me disse? — continuo. "Dona Ester trouxe a solidariedade e a esperança para dentro da minha indústria, contagiando todos. Devo muito a ela. Hoje tenho uma equipe muito colaborativa."

— Essa é a corrente do bem. Até já sei qual a nobreza de dona Ester: o fermento — sugere Hanna, brincando.

Todos rimos com a analogia.

— A do sr. Artur é a bondade — completa Gael.

— E a de dona Ester é o cuidado — acrescenta Hanna.

— Vocês acertaram na mosca! — arremato. — O sexto arquétipo é o *solidário*.

— Fale mais desse arquétipo — sugere Hanna.

— Antes, deixe eu colocar o pão para assar — peço.

— Nossa! Como cresceu! — espanta-se Gael, vendo que a massa dobrara de tamanho.

— O solidário indigna-se diante das injustiças e chega a abandonar ou adiar seus compromissos para ajudar os outros — explico.

— Têm uns tipos assim na minha comunidade — admite Hanna.

— Não costuma se omitir — acrescento. — Coloca-se à disposição para cuidar dos demais de forma desinteressada. A sua intenção é servir com gentileza e generosidade.

— Estou curiosa para saber qual é o intruso do solidário — diz Hanna.

— O primeiro é a complacência.

— O que é isso? — pergunta Gael.

— É a disposição de ajudar os outros com a intenção de agradar — eu informo. — Não se trata de uma ajuda desinteressada, mas que espera a troca de favores.

— É o tal "toma lá, dá cá" — Gael conclui. — Algum problema com isso?

— Nenhum problema, o nome é reciprocidade — admito. — Pode acontecer naturalmente, como é o caso de dona Ester e do sr. Artur, mas não faz parte das intenções do solidário.

O cheirinho do pão assando já se faz sentir, aguçando a vontade de degustá-lo.

— E o outro intruso é o maniqueísmo — acrescento. — Isso de achar que existe uma luta do bem contra o mal e colocar-se em um desses polos, certamente o bem, com aversão ao outro polo contrário, o mal.

— Mas não existe uma luta do bem contra o mal? — pergunta Gael.

— É o que acredita o arquétipo do guerreiro, mas não o do solidário.

Tiro o pão do forno, enquanto dona Celeste coa o café. A combinação dos aromas deliciosos aquece nossos corações.

— *Cum panis* — comento. — Comer o pão juntos! É isso que faremos agora! — convido, enquanto parto o alimento com as mãos e dou um pedaço para cada um.

Momento de comunhão.

# 19
## Tempus fugit

Os dias se passam e o fim está próximo, tanto das férias escolares dos jovens como também do meu período dedicado à escrita. Rabisquei poucas páginas, um espectro de livro. Nada que eu possa apresentar a uma editora. E todas as vezes que eu me embrenho na escrita, os dois jovens me vêm à mente e também o desejo de concluir a jornada arquetípica antes que o nosso convívio se expire.

Aliás, eu tenho uma dívida, prometida ao Gael, mas de interesse de ambos: o código de nobreza.

Resolvo organizar informações e conceitos para que os dois jovens consigam visualizar, de forma panorâmica, a nossa travessia em busca da nobreza.

*Intenções*

| Guerreiro | Jogador | Curioso | Perito | Artista | Solidário |
|---|---|---|---|---|---|
| Sobreviver | Vencer | Descobrir | Aprender | Criar | Servir |

*Ações e reações*

| Guerreiro | Jogador | Curioso | Perito | Artista | Solidário |
|---|---|---|---|---|---|
| Lutar ou fugir | Disputar ou competir | Desbravar ou desvendar | Compreender ou revelar | Imaginar ou inovar | Contribuir ou retribuir |

*Valores*

| Guerreiro | Jogador | Curioso | Perito | Artista | Solidário |
|---|---|---|---|---|---|
| Eficácia Resiliência | Determinação Arrojo | Dinamismo Persistência | Conhecimento Verdade | Excelência Beleza | Cuidado Bondade |

*Intrusos*

| Guerreiro | Jogador | Curioso | Perito | Artista | Solidário |
|---|---|---|---|---|---|
| A resistência, o abandono | A desconfiança, a rejeição | O isolamento, a dúvida | A obstinação, o engano | A inadequação, a presunção | A complacência, o maniqueísmo |

Acho que eles vão gostar dessa sinopse. Mas a jornada ainda não terminou. Precisamos prosseguir para o sétimo arquétipo. Combinamos novo encontro, no dia seguinte, no poço. Está chegando a hora de revelar o código de nobreza.

Agora é momento de descansar.

## 20
## Honradez

Nós nos reunimos ao redor do poço d'água. A água deveria estar tão fria quanto a própria manhã, mas a curiosidade e a vontade deles de aprender são mais fortes. Gael e Hanna estão a postos.

— É a sua vez de tirar água — Gael provoca Hanna.
— Não, não! — ela reage. — É a sua.

Naquele jogo de empurra-empurra brincalhão, intervenho.

— Dessa vez eu é que vou tirar a água do poço.
— Que alívio! — admite Hanna.
— Se precisar de uma ajudinha, avise — Gael ironiza.

Quando o balde chega à borda do poço, pergunto a eles:

— Estão lembrados dos baldes da curiosidade, aprendizagem e criatividade?
— Sim — diz Hanna. — São aqueles que crescem enquanto são preenchidos pela água, sem desperdiçá-la, e sempre vai existir espaço para despejar ainda mais água.
— E deve ser assim também com o balde do sexto arquétipo — Gael arrisca e Hanna concorda com ele.
— Errado! — digo, provocando olhares de frustração de ambos.

E arremato:

— A generosidade é a própria água!
— Uau! — exclama Gael, maravilhado com a analogia. — Faz sentido. Ela é como o fermento, representa a abundância.
— Também o jorro, a retribuição e a corrente do bem — completo.

— Não tem como não lembrar de dona Ester e do sr. Artur — diz Hanna.
— E de tantos outros... — emendo. — Agora vamos dar uma caminhada, para procurar uma árvore.

É o que não falta na antiga fazenda, onde está a pousada. Vários os tamanhos, as espécies, os matizes. Eu os conduzo até a minha árvore-amiga, a *Homeostasis*. Nós nos sentamos sob a sua sombra.

— A primeira parte do código de nobreza retoma aquela pergunta que fiz a vocês em nosso primeiro encontro: *"Quem é você?"*.

— Existem várias maneiras de nos descrevermos: nome, idade, sexo, altura, peso, cor etc. Também podemos fazê-lo a partir dos nossos interesses e buscas: entrar na faculdade, encontrar um emprego, namorar, casar, ganhar na loteria, conquistar uma medalha etc. Vale, também, mencionar os nossos sentimentos e temperamentos: ansiedade, dedicação, acomodação, alegria, tristeza, timidez, desenvoltura, medo, encorajamento, otimismo, pessimismo, teimosia, simpatia, entre outros, porque a lista é vasta.

Ambos ouvem atentos.

— Tudo isso nos representa, mas compõe mais a aparência do que a essência. Se quisermos penetrar mais fundo, teremos de acessar os valores. Eles estão no âmago do nosso ser. Representam a nossa honradez.

Exemplifiquei:

— Nossos dados cadastrais podem mudar, como também os interesses e humores, mas os nossos valores são o que temos de mais permanentes, o que não significa que não possam mudar ao longo da nossa existência. Nada está determinado.

Hanna continua fazendo suas anotações.

— Reparem nessa árvore que nos abriga. Suas raízes representam os valores. São elas que dão sustentação à árvore, embora não as vejamos. Trabalham na quietude. Vamos exercitar?

Entrego a eles uma cópia da sinopse dos arquétipos que havia preparado no dia anterior.

— Verifiquem quais são os valores-raiz de cada arquétipo.

— A eficácia para o guerreiro — assinala Gael —, e a determinação para o jogador.

— O dinamismo para o curioso — acrescenta Hanna —, e o conhecimento para o perito.

— A beleza para o artista... — Gael confirma.

— E a bondade para o solidário — arremata Hanna.

— Como acontece na natureza, notem que existem lagartas e pulgões a infernizar a vida das raízes e das árvores, assim também ocorre com os arquétipos. São os intrusos.

Tal qual um jogral, Hanna e Gael declamam os nomes das pragas:

— A resistência e o abandono para o guerreiro.

— A desconfiança e a rejeição para o jogador.

— O isolamento e a dúvida para o curioso.

— A obstinação e o engano para o perito.

— A inadequação e a presunção para o artista.

— A complacência e o maniqueísmo para o solidário.

— Decerto, é possível que tenham pouco ou muito de cada arquétipo — acrescento —, mas, de fato, existe aquele de maior predominância. Ele dará a pista para que cada um de vocês reconheça a própria essência.

— Já sei para que lado eu estou inclinado — admite Gael, contorcendo-se.

— Eu também — concorda Hanna, imitando Gael, no sentido oposto.

— Qualquer que seja a inclinação, qual é mesmo o teste da nobreza de caráter?

— Quem é você quando ninguém está olhando? — Gael responde.

— Gostaria de apresentar a vocês o segundo teste: o da nobreza de espírito.

Ambos aguardam atentos.

— *Quem é você quando Deus está olhando?*

Ficam em silêncio, refletindo.

— Os desejos de Deus que dependem de nós são da dimensão ética e espiritual — acrescento.

E concluo:

— A jornada ainda não acabou, nem o código de nobreza. Ainda temos o sétimo arquétipo e precisamos falar da copa da árvore.

Chega a hora do almoço.

## 21
## A última ceia

— Hoje vai entrar em cena o sétimo e último arquétipo — anuncio, lembrando do que avisei ontem.

— Oba! — respondem os jovens quase ao mesmo tempo.

— Mas dessa vez vai ser diferente. Não tenho nenhum personagem para apresentar a vocês, mas ele estará junto de nós, na última ceia que vamos encenar. Estarão presentes todos os arquétipos: o guerreiro, o jogador, o curioso, o perito, o artista, o solidário e o sétimo arquétipo, *o cultivador*, nosso anfitrião. Nós, eu e vocês, também estaremos.

— A imaginação é por nossa conta? — pergunta Hanna, curiosa.

— Sim. Eu dou a largada e vocês dão continuidade aos diálogos imaginários. Teatro de improviso. Combinado?

Concordam, ainda que inseguros.

— Era uma noite enluarada. Em uma sala iluminada por velas, doze indivíduos de diferentes valores e virtudes se reuniram. Eles estavam ali para compartilhar uma última ceia, refeição que prometia ser repleta de histórias, sabedoria e alegria.

— Sou o cultivador, que os recebe... — eu digo, empostando a voz. — Sejam todos bem-vindos! Esta é uma noite especial. Louvo recebê-los para realizar um antigo desejo: o de nos reunir ao redor de uma mesa, como esta, de madeira. Vamos brindar ao nosso encontro!

— Guerreiro — diz Gael, simulando o personagem. — Brindemos ao valor e à coragem — sugere, com o braço erguido simulando uma taça. — Muitas batalhas enfrentei e outras enfrentarei, mas aqui, na companhia de vocês, sinto uma paz que raramente encontro nos campos de batalha.

Dou sinal positivo a Gael, mostrando que ele se saiu muito bem.

— Jogador — diz Hanna, também interpretando. — Às vitórias e às derrotas! — insta, empunhando também uma taça imaginária. — Nos jogos da vida, existem sorte e azar, mas a emoção de cada jogada é eterna. A mesa é meu campo de jogo, e cada lance é uma nova possibilidade de ganharmos juntos.

Assinto positivamente para Hanna.

— Curioso — eu digo. — Brindo às perguntas sem respostas! Cada conversa, cada encontro é uma oportunidade de descobrir algo novo. Esta mesa é um verdadeiro tesouro de experiências e saberes.

— Perito — sinaliza Gael. — À ciência e ao conhecimento. Entender os detalhes, dominar a técnica, isso é o que me motiva. E hoje, celebrando a verdade refletida em cada um de vocês.

— Artista — assinala Hanna. — Brindemos à criatividade e à imaginação! A arte é a maneira pela qual compartilho minha alma com o mundo. Cada momento, cada emoção transformo em cor e forma. Vocês são a minha inspiração.

Vi que eles entenderam a brincadeira e a estão levando a sério. Gael hesita a interpretar o solidário. Hanna assume.

— Solidário — anuncia Hanna. — À compaixão e ao amor ao próximo. A vida é uma teia de relações e na ajuda mútua encontramos nosso verdadeiro propósito. Esta ceia é um símbolo da união e do apoio de que todos precisamos.

— Cultivador — proclamo. — Como anfitrião deste encontro, brindo à espiritualidade e ao crescimento interior. Nutrir a alma é tão vital como alimentar o corpo. Que esta refeição seja um banquete para os nossos espíritos, fortalecendo-nos para as jornadas que virão.

Gael continua:

— Às aventuras e ao futuro! Estamos apenas começando nossa jornada e temos muito a descobrir e aprender. Com todos vocês como exemplos, nosso caminho se torna mais claro e inspirador.

Hanna afirma:

— Às oportunidades e à esperança. Cada dia é uma nova chance de fazer a diferença, de deixar nossa marca no mundo. Vamos aproveitar cada momento e aprender com a sabedoria ao nosso redor.

Animam-se, acrescentando gestos e imposição na voz. Eu continuo:

— Brindemos às histórias que nos unem. Cada um de vocês é um capítulo vivo de um livro magnífico. Meu dever é capturar essas histórias, dar-lhes vida com palavras, para que possam inspirar gerações futuras.

Deixando o meu papel de escritor, assumo novamente o arquétipo do cultivador:

— Fico imaginando como seria se todos nós, com nossas diferentes perspectivas, nos uníssemos para resolver os grandes mistérios da nobreza da vida. O que podemos alcançar juntos?

— Guerreiro — diz Gael. — Desejo proteger a nossa família humana para que encontre a honra em cada batalha.

— Jogador — continua Hanna. — Quero entender as estratégias que funcionam, para que a sorte esteja presente na casa em que habitamos.

— Curioso — sinalizo. — Um mundo cheio de descobertas, em que cada dia é uma nova oportunidade para renascer melhor.

— Perito — anuncia Hanna. — Talvez um mundo onde a coragem, a curiosidade, o conhecimento, a arte e a compaixão se unam para criar algo verdadeiramente extraordinário.

— Solidário — pontua Gael. — Um mundo onde cada pessoa possa encontrar sua essência sem medo. Quero explorá-lo, vivendo aventuras que me transformem.

Hanna completa:

— Desejo ser uma força de mudança positiva por meio da minha escrita e usar a minha energia para o bem.

Eu ratifico:

— Um mundo onde cada história é contada, onde cada voz é ouvida.

A conversa continua noite adentro, com risos, reflexões e uma profunda conexão entre os arquétipos representados nas nossas falas imaginárias.

Nesta última ceia, Hanna e Gael encontram um pedaço de si nos outros e dos outros em si. Juntos, sonhamos com um futuro mais promissor para toda a humanidade.

No final, estamos alegres. Havíamos bebido o vinho dos vinhos: a real nobreza. Cito Santo Agostinho:

"*Tarde te amei, tu estavas dentro de mim e eu te procurava fora*".[4]

Nós nos abraçamos, afetuosa e fraternalmente, prenunciando a despedida.

## 22
## A peregrinação

Estimados jovens parceiros de peregrinação rumo à Nobreza.

Chegamos ao final da jornada arquetípica e aproveito para lançar mais alguns comentários sobre o sétimo arquétipo.

O desejo do cultivador é querer mais da vida, além do lado material. Pretende comprometer-se com a jornada espiritual, por isso busca o verdadeiro propósito e o real significado.

Sua intenção é tornar-se um com o todo e, para isso, preza o valor da equanimidade, que busca a justa medida. A equanimidade evita atacar ou evitar o oposto e o contraditório, pois, do contrário, ambos continuarão brigando dentro de cada um de nós.

Atuar com equanimidade é a melhor maneira de nos relacionarmos com tudo e todos, uma vez que nos leva a manter uma atitude de aceitação e compreensão, o que não implica, necessariamente, concordância.

Outro valor do cultivador é a humildade, cuja palavra tem origem em *húmus*, que significa "terra" ou "solo". Implica estar perto da terra, com os pés no chão, ao natural.

A intenção do cultivador, é unificar e benignar. Não procurem no dicionário o verbo "benignar", vocês não vão encontrá-lo. Trata-se de uma junção de "bem" com "ignição", que significa acender o fogo ou elevar a chama. É disso que se constitui esse neologismo: a partir do bem, elevar a chama ou o desejo de cada ser que compõe a família humana.

A imunidade como intruso é acreditar que, por conta dos seus bons valores e práticas, o cultivador possa estar imune às tentações e provações, o que é uma falsa crença. O corrompimento estará sempre à espreita. Portanto, vigiar sempre será a sua ascese.

Sintetizei os sete arquétipos para que possam visualizar a jornada que fizemos juntos. Vejam a sinopse, a seguir.

Gostaria de retornar à analogia do balde e da água. Antes que me perguntem, adianto-me a responder. O sétimo arquétipo não representa nem o balde nem a água. O sétimo arquétipo é a nascente, a própria fonte.

Ainda falta completarmos o código de nobreza. Para isso, proponho uma tarefa para amanhã, o nosso último dia. Consiste no seguinte: tomando como base os arquétipos, elejam até cinco valores que definem "quem é você".

Outros valores que não somente os citados poderão ser acrescentados. Escreva-os nas raízes da árvore, desenhada em uma folha.

Amanhã concluiremos juntos o código de nobreza.

Abraços,
O escritor.

Imprimi duas cópias. A de Gael deixei na recepção da pousada e a outra pedi à dona Alice que a entregasse à Hanna.

## 23
## Gestos de elegância

Tenho um pequeno jardim na sacada do apartamento onde moro. Devido a meus vários compromissos e viagens, as plantas ficam abatidas, principalmente nas estações em que as chuvas escasseiam. Apesar disso, existe uma magia na natureza. Desde que não morram, as plantas têm o poder de renascer e fazem isso maravilhosamente bem. Basta oferecer a elas água, sol, terra e esperar. As próprias plantas farão o resto.

Hanna vem vestida da mesma forma que no primeiro dia, como se fosse participar de uma celebração. Gael também se aprimora, com os cabelos mais bem penteados e com um tipo de roupa que poderia usar caso fosse passear no shopping. Tenho a impressão de que desejam, de maneira aparente, representar a essência que se revelara em cada encontro.
    Eu também não fico atrás. Fiz a barba, arranjei o que resta de cabelos e vesti a melhor roupa que havia colocado na mala. A nobreza exige nobreza, não apenas de caráter e de espírito, mas também de atitudes e comportamentos. E esse é o tema que faltava para apresentar por completo o código de nobreza.
    — Bom dia!
    — Bom dia!
    — Bom dia!
    Estamos animados. Com a folha em mãos, vejo que fizeram a tarefa que eu havia solicitado. Aproveito para apresentar a árvore que havia desenhado com Eloísa e Hiran.

— Árvores são árvores. Todas têm troncos, caules, galhos e folhas. E oferecem madeiras. Mas não são semelhantes. Jacarandá e pínus, por exemplo, são espécies distintas e produzem habitats desiguais. A primeira é considerada madeira de lei. A segunda, de uso. Aparência e essência, portanto, diferentes.

Os dois jovens ouvem atentos.

— Pessoas também são assim. Algumas se parecem com árvores, tão semelhantes entre si que podem ser substituídas sem dificuldades. São idênticas a tantas outras.

— Copiar e colar — completa Gael, aludindo a uma operação básica em computação.

— Embora sejam árvores como tantas outras, não chamam a atenção nem são motivo de admiração, incapazes de gerar encanto. São úteis, mas não belas. Vocês já prestaram atenção nas plantações de eucalipto? Nada mais monótono e até os pássaros sabem disso. Recusam-se fazer seus ninhos nesse ambiente monocórdico, onde outras espécies da fauna também não habitam.

— Lamentável! — comenta Hanna.

— Outras, no entanto, têm personalidade e alma, são únicas. Possuem história e mística. Beleza e encantamento.

Enquanto refletem, acrescento:

— Árvores são árvores. Todas com troncos, caules, galhos e folhas, como já disse. Mas suas sementes e raízes são diferentes, da mesma forma que suas vocações, energias e potencial de vida. Façam o teste — provoco, olhando para cada um deles. — Você está mais para madeira de lei ou para madeira de uso? Jacarandá ou pínus?

As perguntas não exigem respostas, mas reflexões. Então acrescento mais uma:

— Cara ou coroa? Lembram-se?

— Sim, aquele anjo da guarda chinfrim — Gael brinca.

— Ser ou parecer? — lembra Hanna.

— Ser e parecer ser quem se é, eis a questão — afirmo. — Cara e coroa. O código de nobreza é a resposta para o enigma lançado pelo anjo da guarda.

Continuo:

— Sem valores não há como ter uma vida sadia, já falamos sobre isso — reforço —, porque eles nos dão as melhores respostas sobre "quem somos", nos definem melhor, nos honram e, de maneira recíproca, devemos honrá-los. São as raízes da árvore que nos representa, o nosso cerne, o nosso âmago.

Enquanto realço os conceitos, acrescento:

— Recebemos influências diárias, da sociedade, da mídia, do ambiente em que vivemos. Nem sempre estamos conscientes dessas influências, mas delineiam gradativamente a copa da nossa árvore que, por sua vez, vai se distanciando dos valores-raiz, aqueles que verdadeiramente nos representam.

Os jovens examinam o desenho de suas árvores, enquanto eu lhes digo:

— Diferentemente das raízes, copas de árvores são visíveis, portanto comparáveis. É fácil resvalar para a avaliação depreciativa, achando que "a copa da árvore do vizinho é mais frondosa do que a da minha". Desprezam-se os valores que formam raízes únicas e incomparáveis para cair na cilada do lugar-comum ou da manada. Parecer torna-se mais importante do que ser.

— Desse jeito, de nada adianta reconhecer os próprios valores — corrobora Hanna.

— Exato! Por isso, é importante que nos voltemos às nossas raízes — reforço. — Somente quando nos damos conta de quem somos é que a nossa vida se torna sadia e uma bênção para nós mesmos e para os outros.

Tomo um gole de água para dar sequência ao código de nobreza.

— A primeira parte do exercício do código de nobreza é responder a si mesmo: "Quem sou eu?". Foi o que pedi a vocês: buscar até cinco valores que representam melhor o seus valores-raiz, aqueles que não são aparentes, mas sim reconhecidos por vocês e que representam a sua singularidade.

Gael apresenta os valores que mais o representam: determinação, dinamismo, competência, verdade e disciplina.

Hanna mostra o esboço da sua árvore e os valores sobrepostos às raízes: criatividade, beleza, generosidade, autenticidade e perseverança.

— Muito bem! Vejo que vocês não se limitaram aos valores apresentados na sinopse dos arquétipos.

— Praticando o valor "verdade", devo dizer que os que escolhi não representam o que sou — confessa Gael. — São virtudes que pretendo desenvolver, como, por exemplo, o dinamismo e a disciplina.

— Eu também — Hanna se solidariza. — A autenticidade e a perseverança são valores que eu desejo viver.

— Ou seja, vocês elegeram valores virtuosos do ser e do devir.

— Devir?! Do que se trata? — pergunta Gael.

— Devir é o vir a ser — respondo. — Ou o "já é" do "ainda não". Está em vocês como potencial prestes a se tornar real, agora assumido em suas árvores, compondo seus desejos. E o desejo é uma força vivificante e realizadora.

Respiram, aliviados. A tarefa havia sido feita corretamente.

— A escolha do arquétipo como devir pode ser uma espécie de profecia autorrealizável. Se o arquétipo que adotam desafia cada um de vocês a se desenvolver, isso pode ter uma influência decisiva em suas vidas. Nós devemos viver como se já fôssemos.

Estão felizes com as suas escolhas.

— Agora vamos para a segunda parte do exercício do código de nobreza, que trata de responder à pergunta "Quando sou eu?" — prossigo. — O que se dá quando gestos, comportamentos, condutas e ações são adotados concernentes aos valores.

— Oba! É a copa da árvore! — Gael se anima.

— Sim, porque as raízes são subterrâneas e lá embaixo ninguém as vê — acrescento. — Os valores precisam se expressar na forma de gestos de elegância.

— Elegância? — Hanna torce o nariz. — Isso é para quem pode.

— Aí é que está! — eu a contradigo. — Todos nós podemos. Elegância inclui atenção, interesse, gentileza, cordialidade. São gestos que refrescam as relações, temperam o ambiente, climatizam o mundo, trazem leveza à existência. Imaginem um paraíso na Terra.

— Mas isso é uma utopia — reage Hanna.

— E para que serve a utopia? — questiono. — Utopia é algo que não existe, mas que deveríamos fazer existir. Mais importante do que alcançá-la é estarmos inclinados em sua direção. Só isso justifica a sua existência.

— Vamos em frente — Gael cobra, sem perder o pragmatismo.

— O passo seguinte é completar a frase que começa por "quando". Por exemplo: "Eu sou determinado quando... sem adiar, faço as coisas às quais me determinei com dia e hora marcados".

"Eu sou autêntica quando... digo o que penso e sinto."

Logo entendem e dão-se à tarefa de concluir o desenho, agora preenchendo a copa da árvore que haviam desenhado. "Eu sou dinâmico quando... deixo os meus games para ajudar em casa ou sair com os amigos para conversar."

"Eu sou competente quando... adquiro novos conhecimentos e os coloco em prática."

"Eu sou a verdade quando... impeço que fake news se propaguem."

"Eu sou disciplinado quando... faço o que precisa ser feito sem deixar para depois."

"Eu sou criativa quando... sento para escrever mesmo sem uma ideia aparente."

"Eu sou bela quando... busco a beleza exterior e me conecto com admiração."

"Eu sou generosa quando... não me omito e ajudo as pessoas ao meu redor sem querer nada em troca."

"Eu sou perseverante quando... escrevo todos os dias."

Assim, eles vão imaginando suas vidas sendo mobilizadas por seus próprios e livres desejos.

No final, sentem-se mais autônomos e no comando de uma vida balizada pela nobreza de caráter e de espírito.

— Pensem nos gestos de elegância como a parte visível da árvore, a copa com suas folhas e frutos. Seriam destituídos de cores e fragrâncias, beirando o artificial, e poderiam sucumbir à primeira tempestade, não fossem as raízes que lhes dão firmeza, representadas por sólidos valores, ainda que não visíveis.

Estão orgulhosos de seus feitos.

— Mantenham o código de nobreza em um lugar acessível para que possam retomá-lo todos os dias — recomendo. — Passem a adotar os gestos de elegância diariamente, para que sejam transformados em hábitos. Aristóteles dizia que "adquirimos virtudes quando primeiro as colocamos em ação".[5]

— Vou deixar essa frase no espelho do banheiro, lá em casa — diz Hanna.

— E eu, na frente do meu console — revela Gael.

— Uma proposta: façam o código de nobreza na família e na escola — sugiro. — A partir das árvores individuais, será elaborada, em consenso, uma árvore coletiva. Uma floresta em que cada árvore nutre uma à outra, a exemplo do que acontece na natureza.

— Boa ideia! — comemora Hanna. — Poderia fazer também na minha comunidade.

— Ela se transformaria em uma floresta — reforço, lembrando o aprendizado sobre a amizade entre as árvores.

— Também junto aos meus amigos — imagina Gael. — Acho que vai ser bom para eles.

— Outra recomendação: quarenta dias após essa primeira elaboração, retornem ao exercício e reveja os seus valores-raiz. Talvez queiram mantê-los ou substituir alguns.

— Estou feliz com os meus valores-raiz. Não pretendo mudá-los — aventa Gael.

— Reexaminá-los é uma maneira de cavar mais fundo e encontrar raízes bem profundas. Novos gestos de elegância emergirão a partir daí.

E arremato:

— Tratar o sadio da vida é a melhor terapia que se possa adotar, física, mental, relacional e espiritualmente.

Uma vez revelado, assinalo:

— O código de nobreza é um alinhamento entre a honradez (ser quem se é) e a elegância (a expressão de ser quem se é). O lado da honradez é sustentado pela inteligência espiritual; o da elegância, pela inteligência relacional. Ambas em perfeita sincronia e sintonia.

— Lembrei-me da harmonia do universo — intervém Hanna.

— Honradez e elegância formam uma combinação infalível para quem deseja ser único e especial. Saibam de uma coisa: existem muitas pessoas nobres no mundo em busca de outras pessoas nobres, tanto para conviver e habitar como para trabalhar e prosperar.

Faço uma ressalva, enquanto ouvem atentos.

— Quando expressamos a nossa nobreza, o fazemos impulsionados por nossos valores virtuosos, naquilo que verdadeiramente nos move e nos representa. Pensem bem! Nossas melhores contribuições não são materiais: o carinho, o afeto, a dedicação, o apreço, a verdade. Ouvir, apenas, é um pequeno grande gesto extraordinário de contribuição, principalmente quando a escuta se mostra atenta e interessada, sem julgamento ou censura.

O código de nobreza está sendo, finalmente, decifrado.

— Devemos viver com nobreza sem esperar nada em troca. Algumas pessoas se sentirão agraciadas, mas não esperem isso de muitos. E também não tem importância se isso não ocorrer de maneira justa. O mais relevante na nobreza, impulsionada por valores virtuosos, é que ela é uma recompensa maior justamente para quem a pratica. Ou seja, a recompensa está no próprio gesto. Na alegria que se sente por ter vivido valores.

Mostro, em seguida, o ciclo virtuoso da nobreza.

— Vocês merecem ser árvores frondosas, honradas e elegantes e viver o contentamento, aquilo que sentimos quando nos aproximamos cada vez mais do propósito de sermos nós mesmos.

E concluo:

— Mesmo se perderem o alvo de vista, que a seta mantenha o curso consistente amparada no código de nobreza. Assim, não será mais a seta a buscar o alvo. Quando menos se espera, o alvo correto se apresentará à seta que soube manter a coerência.

As férias terminam. Nós nos despedimos como fazem os bons amigos. Hanna, com lágrimas nos olhos, me entrega uma carta. É o seu jeito de dizer adeus.

Emocionado, na sequência, dou adeus à *Homeostasis*, certo de que tudo fez sentido e será fundamental para elaborar o novo livro, praticamente definido na mente. E, sobretudo, no coração.

## POSFÁCIO

Nobilíssimo sr. Escritor.

Com base nas minhas anotações durante a nossa jornada e convívio, ousei elaborar estas linhas. Espero que aprecie a escrita da sua aprendiz.

Causa danos quem sofre danos. E, assim, a criança ferida permanece viva na alma do guerreiro. Como aprendeu cedo a se defender, desenvolveu a capacidade de resistir. Ainda que inconscientemente, tenta transferir a sua dor para os outros. Quando assume o poder, faz isso na forma de controle e de intimidação. A eficácia e a resiliência serão admiradas pelos outros, mas quem optar por ambas caminhará um passo à frente e dois para trás. O milagre do passo evolutivo só acontecerá quando sua vulnerabilidade vier à tona, e ela admitir toda a dor que sente e suas próprias fraquezas.

Na alma do jogador, vive a criança trapaceada. A confiança perdida fez com que se tornasse adulta antes do tempo. Esperta e maliciosa, trata de se defender de outras ciladas. Trama em segredo os seus planos, sempre com segundas intenções. Habilidosa com as palavras, é craque no poder da persuasão. Consegue o que quer, não importam os meios. Seguirá vivendo em jogos intermináveis, enquanto não aprender a perder e a ceder a vitória, principalmente a quem mais a ameaça. Daí, estará pronta para dar o próximo passo. Sem retroceder.

Crianças feridas e trapaceadas voltam-se para si mesmas. São vítimas do que mais temem: o abandono e a rejeição. Em sua resiliência, a criança ferida emana mensagens subliminares de autossuficiência, insiste que não precisa de ninguém. Em sua astúcia, a criança trapaceada emite mensagens subliminares de abdução, indicando que é bom manter distância dela. Mas nem o abandono nem a rejeição são as medidas certas. Não é matando a lagarta que a ajudamos a se transmutar em borboleta. Para continuar a caminhada, tanto a ferida como a trapaceada precisam resgatar, em si, a verdadeira criança.

Na alma do curioso, vive uma criança inocente, que sabe confiar. O resgate da confiança original é como um desnudamento, semelhante ao que acontece quando as folhas caem na mudança de estação ou a troca de pele na roda da vida. A confiança amplia os horizontes. Como confia, acredita; como acredita, enxerga; como enxerga, caminha no sentido da sua visão. E é no ímpeto do passo que os horizontes se abrem, como se já aguardassem os movimentos. Assim, a criança inocente sai em busca de novos mundos.

A criança engenhosa vive na alma do perito. Não se cansa de aprender e essa é a sua principal motivação. A vida, na forma de aventura em busca de conhecimento, se parece com a escalada de uma montanha. Nada que a técnica e a ciência não deem conta diante do perigo dos abismos e do calafrio no estômago. A habilidade com as ferramentas e o conhecimento sobre as armadilhas dos desfiladeiros asseguram as conquistas. Daí a sua reputação e a influência que exerce.

No artista, renasce a criança brincalhona. O que era provável se torna possível, como um sol amarelo numa folha qualquer ou um castelo com cinco ou seis retas. É em sua imaginação que reside a abundância. Com ela, um simples compasso e um círculo, o mundo se torna um lugar recreativo, onde o artista é autoridade e referência. Na alma da criança que habita o artista, tudo é alegria e a vida se abre como num sorriso.

Na alma do solidário, também habita a criança sublime. Já estava presente quando ele nasceu e, no berçário, compartilhava o choro com outros bebês. Ou quando, um pouco maior, acudia os coleguinhas menos favorecidos, sem nenhum preconceito. Em várias circunstâncias, no íntimo, sabia o que era justo e o que não era. E se indignava com as coisas que estavam fora do combinado.

Finalmente, delineia-se a eterna criança, aquela que sempre existe e vive, quando o amor ocupa o espaço antes tomado pelo medo. Ela une os opostos: o finito ao infinito, o temporal ao eterno, o humano ao divino.

Nela, o jardim se realiza para o cultivo do essencial: a nobreza de caráter e de espírito, onde reinam a inteireza, a confiança nos outros, a esperança e o encantamento com a vida e a vida em contínua e renovada abundância.

Como tem de ser e, verdadeiramente, é!

Com a nobreza da sua,

Hanna

Hanna vive o seu propósito e, sem que saiba, preparou o posfácio para o meu livro.

## AGRADECIMENTOS

Este livro é resultado de muitas experimentações. Por isso, começarei agradecendo em especial a dois parceiros de vida e trabalho:

Alexandre Zorita, por meio dos programas de educação da Metanoia — Educação Transformadora. Juntos forjamos o código de nobreza como método.

Fabiana Iñarra, que implementou o código de nobreza entre gentes diversas que compõem a nossa família humana, por meio do IEN — Instituto de Economia ao Natural e seus heroicos e dedicados enobrecedores.

Todas essas experimentações só foram possíveis com a parceria, cumplicidade e confiança de Alessandro Granado (Granado Distribuidora), Andrea Cervieri e Giovanni Cervieri (Nação Volo), Bruno Benassi (Benassi SP), Carlos Fernando de Abreu (Colormix), Caroline Benites e Adrai Silva Pereira (BTFlex), Cesar Pinela, Débora Paz e Pamela Paz (John Richard), Eder Regis Marques (Embalagens Jaguaré), Eduardo Baldi e Simone Bidetti (ETS/Teknosip), Eduardo Alamino Silva (Alamino Silva Advogados), Francesco Conventi (BiZ Simplesnologia), James Alves (Plasticoville), José Eduardo de Souza, o Doia, e José Vicente de Souza Junior, o Zezinho (Nação Real), Julio Aoki (Da Santa), Kahlil Zattar (Som Maior), Luiz Claudio Santoro (EBCO Techscan), Marcelo Sobrinho Pires, o Telo (Consolidar), Marcelo Valentini (NB — Noroeste Borracha), Paulo Baddini (Combina), Ricardo Stiepcich e Sandra Campos (Futura Tintas), Ruz Gonzalez Romero e Karina Pettinatti (Jope ISB), Thomas Barros (Universal Chemical) e equipe da Metanoia. Aos queridos parceiros do projeto Ode à Vida e de tantas outras aventuranças, a minha profunda gratidão.

Agradeço também as contribuições e considerações dadas ao texto por parte de Carlos Soares, Edilza Cavalcante, Herivelto Dias Correa, Ivo Ribeiro, Maria Clara Turquetti de Carvalho, Maria Luiza Alves Vilares, a Malu, Silvio Bugelli, Susi Maluf e Zilda Fontolan.

Agradecimentos especiais à Mirian Ibañez, parceira de palavras e vida.

À Eliana Godoy, a Lili, da Cipó Design, pela beleza das ilustrações.

À Karine Estácio Gonçalves, pelos cuidados sutis e atenção extrema junto aos meus projetos.

À Lenah Bosco, meu ponto de partida.

Meus agradecimentos ao Anderson Cavalcante pela prontidão e apoio, estendidos a toda equipe da Buzz Editora.

Gratidão à equipe do Hotel Recanto da Paz em Atibaia.

À Maria, minha companheira, que esteve como um anjo guardião zelando por mim enquanto eu percorria os aclives e declives da escrita.

## NOTAS

1. RODRIGUES, Nelson. "Complexo de vira-latas". In: ____. *À sombra das chuteiras imortais: Crônicas de futebol*. São Paulo: Companhia das Letras, 1993.

2. COUTO, Mia. *E se Obama fosse africano? E outras interinvenções*. São Paulo: Companhia das Letras, 2011.

3. DOSTOIÉVSKI, Fiódor. *O idiota*. Trad. de Paulo Bezerra. São Paulo: Editora 34, 2002.

4. AGOSTINHO, Santo, Bispo de Hipona. *Confissões*. Trad. e prefácio de Lorenzo Mammì. São Paulo: Penguin-Companhia, 2017.

5. ARISTÓTELES. *Ética a Nicômaco*. Trad. de Vinícius Chichurra. Petrópolis: Vozes, 2024.

# REFERÊNCIAS BIBLIOGRÁFICAS

ALVES, Rubem. *A música da natureza*. Campinas: Papirus, 2004.

BONDER, Nilton. *Ter ou não ter, eis questão!*. Rio de Janeiro: Rocco, 2011.

BROOKS, David. *O animal social*. Trad. Camila Melo. Rio de Janeiro: Objetiva, 2011.

FROMM, Erich. *Ter ou ser?*. Trad. Nathanael C. Caixeiro. Rio de Janeiro: LTC, 1976.

GIANNETTI, Eduardo. *O elogio do vira-lata e outros ensaios*. São Paulo: Companhia das Letras, 2018.

_____. *O anel de Giges*. São Paulo: Companhia das Letras, 2020.

HAIDT, Jonathan. *A geração ansiosa*. Trad. Lígia Azevedo. São Paulo: Companhia das Letras, 2024.

HAN, Byung-Chul. *Não-coisas*. Trad. Rafael Rodrigues Garcia. Petrópolis: Vozes, 2021.

LELOUP, Jean-Yves. *A elegância do Self*. Trad. João Batista Kreuch: Vozes, 2019.

SAVATER, Fernando. *Ética urgente*. Trad. Newton Cunha. São Paulo: Sesc, 2016.

WOHLLEBEN, Peter. *A vida secreta das árvores*. Trad. Petê Rissati. Rio de Janeiro: Sextante, 2015.

www.facebook.com/RobertoTranjan
@roberto.tranjan
Roberto Tranjan
Roberto Tranjan
tranjan.novaeconomia@gmail.com

FONTE Register
PAPEL Pólen Bold 90 g/m²
IMPRESSÃO Imprensa da Fé